westermann

ERLEBNIS
Naturwissenschaften

1

Förderheft

ERLEBNIS
Naturwissenschaften
Förderheft

Autorin
Monisha Chakraborty

Redaktion
Mareike Förster

Grafiken
Gall, Eike, Enkirch
Herzig, Wolfgang, Essen
Keis, Heike, Rödental
Mall, Karin, Berlin
Naumann, Andrea, Aachen
newVISION! GmbH, Pattensen OT Reden
Rademacher-Ponten, Christina, Münster
Salomea, Atelier Krülls, Berlin
Schobel, Ingrid, Hannover
Wildermuth, Werner, Würzburg

Grundlayout
Janssen Kahlert
Design & Kommunikation GmbH

Umschlaggestaltung
LIO Design GmbH

Bildquellennachweis
|Alamy Stock Photo, Abingdon/Oxfordshire: Zoonar GmbH 5.3. |Alamy Stock Photo (RMB), Abingdon/Oxfordshire: Chapman, David 67.4; Douillet, Joel 19.3; imageBROKER 30.2; imageBROKER/Cuveland, Justus de 67.3; Klinker, Ernst 15.4; Schwarz, Nailia 25.1; Spence, Inga 15.5; Zoonar GmbH 44.2. |Colourbox.com, Odense: Razvodovskij, Sergej 68.2. |Druwe & Polastri, Cremlingen/Weddel: 68.1. |fotolia.com, New York: ahornfoto 68.4; Bonn, Andre 16.1; by-studio 15.6; Campbell, Tony 15.1; emuck 51.3; Eppele, Klaus 53.5; euthymia 68.3; eyewave 51.1; fruto 53.6; gradt 53.7; Koch, Lars 62.4; Mainka, Markus 61.8; Marco2811 53.3; OlegDoroshin 53.4; Pawinski, Piotr 57.1; pixelrobot 51.5; playstuff 7.2; Schmidt, Horst 62.5; schulzfoto 16.2; Shingarev, Gennady 8.2; Siepmann, Thomas 84.4; Smileus 10.6; Tanja 16.3; Thaut Images 20.1; thingamajiggs 51.6; Tieck, Michael 75.8; TrudiDesign 53.1; tunedin 57.3. |Gall, Eike, Enkirch: 86.1, 86.1, 86.2. |Getty Images (RF), München: EyeEm 23.4. |Herzig, Wolfgang, Essen: 3.4, 3.6, 7.1, 11.1, 13.1, 13.1, 24.1, 26.1, 27.1, 27.2, 27.3, 28.1, 28.2, 30.3, 30.4, 30.5, 30.6, 30.7, 32.1, 33.1, 34.1, 39.5, 58.1, 58.2, 66.1, 66.2, 66.3, 80.2, 80.2, 82.1, 82.1, 83.1, 85.1, 90.1. |iStockphoto.com, Calgary: _jure 12.1; Amri, Wolfgang 10.1; AntonioGuillem 77.3; brizmaker 78.2; ClarkandCompany Titel; deepblue4you 77.2; Geithe, Ralf 38.2; Halfpoint 77.1; Kerrick 5.4; Kevin Dyer 51.4; Lisitskaya, Olga Aleksandrovna 39.3; Madrolly 38.3; Mckeown, Paul 78.1; Rinelle 53.2; Sage78 39.2; themacx 34.2, 34.2, 34.3, 34.4; tomazl 38.4; wrangel 32.3. |juniors@wildlife Bildagentur GmbH, Hamburg: Giel, O. 10.4; WILDLIFE/Varesvuo, M. 67.1. |Keis, Heike, Rödental: 8.1, 65.1, 65.2, 65.3, 65.4, 65.5, 65.6. |Lookphotos, München: Bueckers, Julian 84.1. |Mall, Karin, Berlin: 62.1, 62.2, 62.3, 64.1. |mauritius images GmbH, Mittenwald: Rosing 10.2. |Minkus Images Fotodesignagentur, Isernhagen: 19.1, 19.2, 47.1, 49.1, 49.2, 49.3, 68.6, 69.2, 78.3, 79.1. |Naumann, Andrea, Aachen: 43.1. |newVISION! GmbH, Pattensen OT Reden: 54.4. |OKAPIA KG - Michael Grzimek & Co., Frankfurt/M.: Duty, Holger 30.1; Spiegel, Ulla 44.1. |PantherMedia GmbH (panthermedia.net), München: Reitz-Hofmann, Birgit 68.5, 69.4, 69.4, 69.6, 69.6. |Picture-Alliance GmbH, Frankfurt/M.: dpa 53.9; dpa/Weigel, Armin 57.5; imageBROKER/Clifton 54.3; ZB/Burgi, Arno 7.3. |plainpicture, Hamburg: Muckenheim, F. 39.4. |Rademacher-Ponten, Christina, Münster: 22.2. |Salomea, Atelier Krülls, Berlin: 91.1, 92.1. |Schobel, Ingrid, Hannover: 3.2, 25.5, 36.1, 40.1, 42.1, 47.2, 47.3, 47.4, 47.5, 47.6, 48.4, 52.1, 52.2, 59.1, 59.2, 59.3, 59.4, 60.2, 67.5, 69.1, 69.3, 69.5, 69.5, 69.7, 69.7, 70.2, 71.1, 71.2, 73.1, 73.2, 73.3, 74.1, 74.2, 74.3, 74.4, 74.5, 74.6, 74.7, 74.8, 74.9, 74.10, 74.12, 74.13, 74.14, 75.3, 80.1, 81.1, 84.5, 87.1, 87.1, 93.1, 94.1, 95.1. |Science Photo Library, München: Molloy, Cordelia 70.1. |Shutterstock.com, New York: EcoPrint 3.3; Hulai, Vitalii 31.1; Masiutkina, Elena 19.4; Mr Twister 75.6; oliveromg 6.3; PHOTO FUN 25.3; Sereda, Slavko 15.2; Simakova, Alina 3.5; svetkor 3.1; Tadevosian, David 15.3; Trybex 29.1; Vishnevskiy, Vasily 10.3. |Simper, Manfred, Wennigsen: 77.6. |stock.adobe.com, Dublin: animaflora 46.1; AVTG 26.4; brszattila 25.4; carroteater 78.6, 78.7; Cozyta 6.2; daskleineatelier 39.1; Daxenbichler, Patrick 75.5; den-belitsky 6.1; Dietl, Jeanette 8.3; DoraZett 10.5; Ehrhardt, André 61.1; electriceye 78.4, 78.5; Eppele, Klaus 54.2; Ga_Na 53.10, 53.11; Gulben, Gilbert 38.1; hiroshiteshigawara 57.4; igorkol_ter 46.2; Kneschke, Robert 55.2; korchemkin 75.7; lesterman 48.1; M.Dörr & M.Frommherz 54.1; magdal3na 48.2; Marco2811 77.4; Massey, Dave 25.2; Melnik, Vladimir 67.2; mpix-foto 4.2; oberfrank-list, doris 32.2; Olena, Yakobchuk 4.1; Olexandr 51.2; OscarPorras 51.9; playstuff 53.8; pongpongching 37.1; Popov, Andrey 55.1; progarten 26.2; rcfotostock 48.3; Ruckszio 26.3; saengtong 23.3; sci 4.3; Sinuswelle 5.1; summersum 23.5; Syda Productions 6.4; ub-foto 57.2; Wiarda, Knut 60.1; Zhao jiankang 77.5. |StockFood, München: Bayside 5.2; Kusiewicz, Tracey 51.7. |vario images, Bonn: imageBROKER/Maksymenko, Oleksiy 84.3; Waldhäusl 84.2. |Wildermuth, Werner, Würzburg: 17.1, 18.1, 18.2, 21.1, 22.1, 22.3, 22.4, 22.5, 23.1, 23.1, 23.2, 23.2, 35.1, 35.2, 35.3, 35.4, 55.3, 55.4, 58.3, 61.2, 68.7, 68.7, 74.11, 75.1, 75.2, 75.4, 89.1, 89.1.

westermann GRUPPE

Druck A[1] / Jahr 2021
Alle Drucke der Serie A sind im Unterricht parallel verwendbar.

ISBN 978-3-14-**151660**-9

Die Basisseiten des Schulbuchs

Auf den zwei Basisseiten erfährst du eine Menge zum Thema.
Wichtiges wird mit einem gelben Kasten hervorgehoben.
Blaue Starthilfen helfen dir bei den Aufgaben.

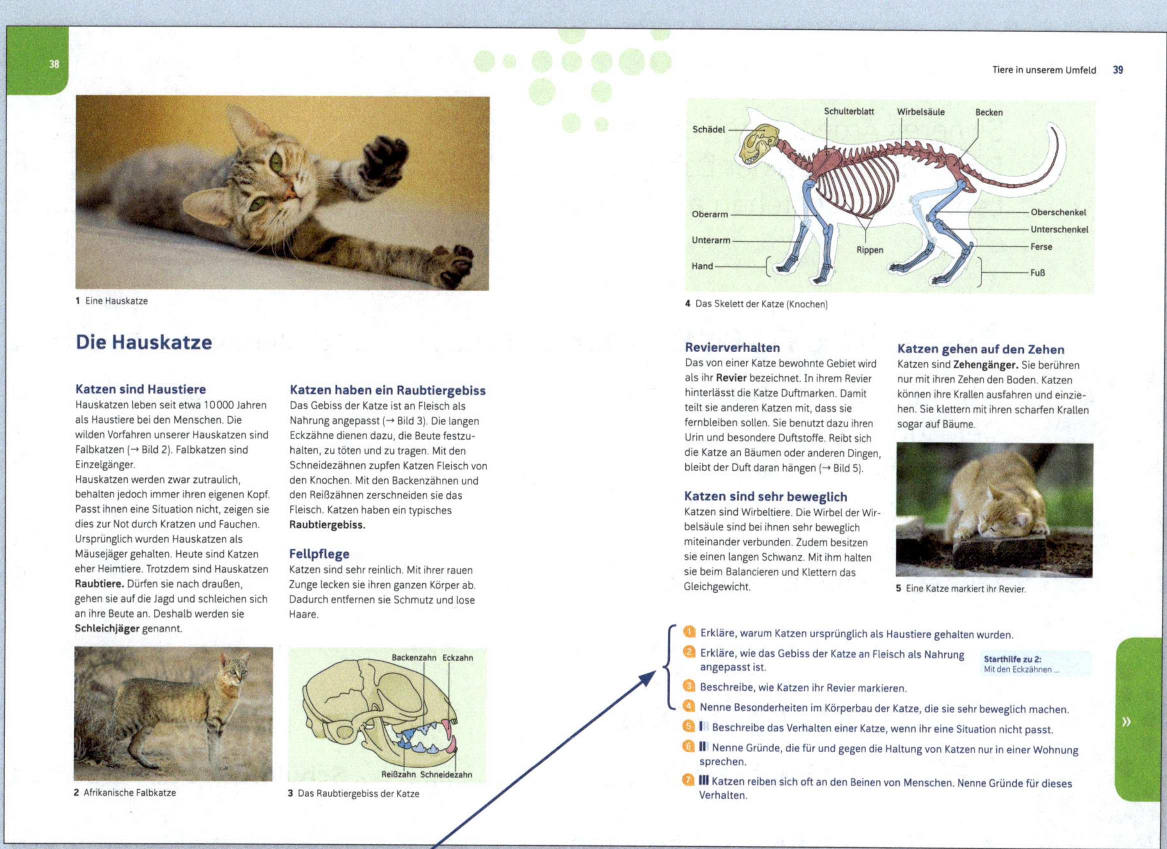
38

Tiere in unserem Umfeld 39

1 Eine Hauskatze

Die Hauskatze

Katzen sind Haustiere
Hauskatzen leben seit etwa 10000 Jahren als Haustiere bei den Menschen. Die wilden Vorfahren unserer Hauskatzen sind Falbkatzen (→ Bild 2). Falbkatzen sind Einzelgänger.
Hauskatzen werden zwar zutraulich, behalten jedoch immer ihren eigenen Kopf. Passt ihnen eine Situation nicht, zeigen sie dies zur Not durch Kratzen und Fauchen.
Ursprünglich wurden Hauskatzen als Mäusejäger gehalten. Heute sind Katzen eher Heimtiere. Trotzdem sind Hauskatzen **Raubtiere.** Dürfen sie nach draußen, gehen sie auf die Jagd und schleichen sich an ihre Beute an. Deshalb werden sie **Schleichjäger** genannt.

Katzen haben ein Raubtiergebiss
Das Gebiss der Katze ist an Fleisch als Nahrung angepasst (→ Bild 3). Die langen Eckzähne dienen dazu, die Beute festzuhalten, zu töten und zu tragen. Mit den Schneidezähnen zupfen Katzen Fleisch von den Knochen. Mit den Backenzähnen und den Reißzähnen zerschneiden sie das Fleisch. Katzen haben ein typisches **Raubtiergebiss.**

Fellpflege
Katzen sind sehr reinlich. Mit ihrer rauen Zunge lecken sie ihren ganzen Körper ab. Dadurch entfernen sie Schmutz und lose Haare.

2 Afrikanische Falbkatze

3 Das Raubtiergebiss der Katze

4 Das Skelett der Katze (Knochen)

Revierverhalten
Das von einer Katze bewohnte Gebiet wird als ihr **Revier** bezeichnet. In ihrem Revier hinterlässt die Katze Duftmarken. Damit teilt sie anderen Katzen mit, dass sie fernbleiben sollen. Sie benutzt dazu ihren Urin und besondere Duftstoffe. Reibt sich die Katze an Bäumen oder anderen Dingen, bleibt der Duft daran hängen (→ Bild 5).

Katzen sind sehr beweglich
Katzen sind Wirbeltiere. Die Wirbel der Wirbelsäule sind bei ihnen sehr beweglich miteinander verbunden. Zudem besitzen sie einen langen Schwanz. Mit ihm halten sie beim Balancieren und Klettern das Gleichgewicht.

Katzen gehen auf den Zehen
Katzen sind **Zehengänger.** Sie berühren nur mit ihren Zehen den Boden. Katzen können ihre Krallen ausfahren und einziehen. Sie klettern mit ihren scharfen Krallen sogar auf Bäume.

5 Eine Katze markiert ihr Revier.

1 Erkläre, warum Katzen ursprünglich als Haustiere gehalten wurden.
2 Erkläre, wie das Gebiss der Katze an Fleisch als Nahrung angepasst ist.
3 Beschreibe, wie Katzen ihr Revier markieren.
4 Nenne Besonderheiten im Körperbau der Katze, die sie sehr beweglich machen.
5 I Beschreibe das Verhalten einer Katze, wenn ihr eine Situation nicht passt.
6 II Nenne Gründe, die für und gegen die Haltung von Katzen nur in einer Wohnung sprechen.
7 III Katzen reiben sich oft an den Beinen von Menschen. Nenne Gründe für dieses Verhalten.

Starthilfe zu 2:
Mit den Eckzähnen ...

»

Zu diesen Basisaufgaben gibt es in diesem Förderheft weitere Aufgaben, die in der Nummerierung in der Regel den Basisaufgaben entsprechen und didaktisch reduziert sind.

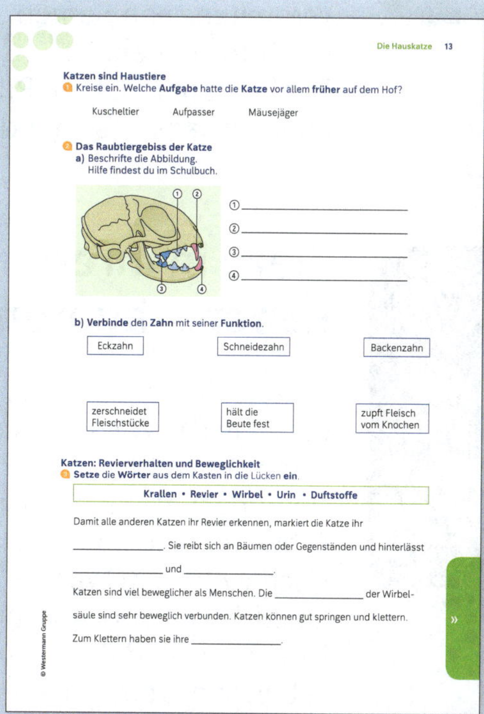
Die Hauskatze 13

Katzen sind Haustiere
1 Kreise ein. Welche **Aufgabe** hatte die **Katze** vor allem **früher** auf dem Hof?

Kuscheltier Aufpasser Mäusejäger

2 **Das Raubtiergebiss der Katze**
a) Beschrifte die Abbildung.
Hilfe findest du im Schulbuch.

① ______
② ______
③ ______
④ ______

b) Verbinde den **Zahn** mit seiner **Funktion**.

Eckzahn | Schneidezahn | Backenzahn

zerschneidet Fleischstücke | hält die Beute fest | zupft Fleisch vom Knochen

Katzen: Revierverhalten und Beweglichkeit
3 **Setze** die **Wörter** aus dem Kasten in die Lücken **ein**.

Krallen • Revier • Wirbel • Urin • Duftstoffe

Damit alle anderen Katzen ihr Revier erkennen, markiert die Katze ihr ______. Sie reibt sich an Bäumen oder Gegenständen und hinterlässt ______ und ______.

Katzen sind viel beweglicher als Menschen. Die ______ der Wirbelsäule sind sehr beweglich verbunden. Katzen können gut springen und klettern. Zum Klettern haben sie ihre ______.

© Westermann Gruppe

»

Die Basisaufgaben des Schulbuchs

1 Mit den Basisaufgaben übst du alle wichtigen Inhalte des Themas. Sie werden von allen gemeinsam bearbeitet.

»

Inhalt

Tiere in unserem Leben .... Schülerband .... Förderheft

Pflanzen in ihren Lebensräumen .... Schülerband .... Förderheft

Tiere in ihren Lebensräumen .... Schülerband .... Förderheft

Magnetismus

Der elektrische Strom

Bau und Leistung unseres Körpers

Liebe, Freundschaft und Sexualität

Sicheres Arbeiten im Fachraum

1 a) **Beschrifte** die Abbildung mit folgenden **Wörtern:**

Feuerlöscher • Erste-Hilfe-Kasten • Not-Aus-Schalter • Augendusche

b) **Beschreibe, wo** sich die abgebildeten Gegenstände befinden.

2 **Kreuze** die richtigen **Verhaltensregeln** im Fachraum an.

Verhalten	falsch	richtig
Trinken zwischendurch ist erlaubt.		
Ich bleibe am Platz sitzen und verlasse den Platz nur, wenn ich etwas holen darf.		
Habe ich ein Problem, stehe ich auf und frage andere Gruppen.		
Essen und Trinken ist nicht erlaubt.		
Wenn ich weiß, welche Materialien ich brauche, kann ich sie schnell holen gehen.		
Chemikalien, Feuer und Geräte dürfen nur verwendet werden, wenn die Lehrkraft es erlaubt.		
Defekte Geräte oder verschüttete Chemikalien werden sofort gemeldet.		

»

Kennzeichen von Lebewesen beim Kaninchen

1 **Beschreibe**, wie du jedes **Kennzeichen** vom Lebewesen bei einem Kaninchen erkennst.
Schreibe es unten in den **Kasten**.

Kennzeichen von Lebewesen	Beim Kaninchen
selbstständige Bewegung	
Reaktion auf Reize (Verhalten verändert sich bei Geschehnissen von außen)	
Stoffwechsel (das bedeutet z. B., dass Essen und Trinken in Kot und Urin umgewandelt werden)	
Fortpflanzung	
Wachstum und Entwicklung	

Eine Sonnenblume ist ein Lebewesen

2 **a)** **Ordne** die Sätze den **Kennzeichen** des Lebewesens **zu**.

Sonnenblume als Lebewesen	Kennzeichen von Lebewesen
Sie dreht ihre Blüten zur Sonne hin.	
Sie nimmt Wasser auf und gibt Sauerstoff ab.	
Sie wächst und blüht.	
Sie hat Samen und nutzt diese zur Vermehrung.	

b) Manche **Kuscheltiere** können laufen und mit den Ohren wackeln.
Nenne mindestens **drei Kennzeichen** von Lebewesen, die ein Kuscheltier trotzdem **nicht** hat.

Lebewesen bestehen aus Zellen

1 a) **Verbinde** die **Bestandteile** der **pflanzliche** Zelle mit ihrer **Funktion.**

Bestandteile der Zelle
Zellwand
Zellmembran
Zellplasma
Zellkern
Chloroplasten
Vakuole

Funktion
Ist die zähflüssige Grundsubstanz in der Zelle.
Es sind grüne Körner in der Zelle. Sie geben der Zelle die Farbe. Mit Hilfe von Sonnenlicht stellen sie Traubenzucker her.
Das ist die Steuerzentrale der Zelle. Hier sitzt die Erbsubstanz.
Liegt an der Innenseite der Zellwand. Schützt die Zelle.
Ein Raum in der Zelle. Der Raum enthält Zellsaft. Es werden auch Zucker, Abfallstoffe und Farbstoffe gespeichert.
Gibt der Zelle Festigkeit und bestimmt ihre Form.

b) **Verbinde** die **Bestandteile** der **tierischen** Zelle mit ihrer **Funktion**.

Bestandteile der Zelle
Zellmembran
Zellplasma
Zellkern

Funktion
Das ist die Steuerzentrale der Zelle. Hier sitzt die Erbsubstanz.
Gibt der Zelle Stabilität.
Befindet sich im Inneren der Zelle

2 **Pflanzliche Zellen** sind anders aufgebaut als tierische Zellen. **Fülle** den Lückentext **aus**.

Eine tierische Zelle hat weniger Bestandteile als eine pflanzliche Zelle. Sie hat keine

_______________________, keine ____________________________ und keine

_______________________.

Der ____________________________ erfüllt die gleiche Aufgabe bei der tierischen und

der pflanzlichen Zelle.

»

Das musst du für ein Haustier machen!

1 Benenne die Aufgaben, die Anne hat, wenn sie einen Hamster hält.
Kreise die Aufgaben **ein.**

Gassi gehen   täglich Futter und Wasser erneuern

täglich Käfig grob reinigen   Hamster kämmen

Krallen schneiden   wöchentlich Käfig gründlich reinigen

Das sind Haustiere!

2 **Umkreise** die Tiere, die Haustiere sind!

Ein Haustier bedeutet Verantwortung!

3 Welches Haustier wünschst du dir?
Schreibe auf, was du dabei bedenken musst.
Die Stichwörter im Kasten helfen dir:

Kosten • Auslauf • Allergie • Käfig • Fressen • Ferien • Platz • Erlaubnis • Zeit

Ich wünsche mir ein/einen ______________________________

Das muss ich dabei beachten:

____

____

____

Der Hund und seine besonderen Eigenschaften

1 a) **Nenne** drei besondere Aufgaben von Hunden.

____

____

____

b) Welcher **Sinn** ist beim Hund besonders gut? **Kreise ein.**

fühlen sehen riechen

hören tasten

Der Körperbau des Hundes

2 **Schreibe** die richtigen Wörter in die **Lücken.**

verständigen • Pfoten • vier • Wirbeltieren • Zehengänger

Hunde berühren den Boden nur mit ihren ____________. Man nennt sie deswegen

________________. Hunde laufen auf ____________ Beinen.

Hunde haben eine Wirbelsäule, sie gehören zu den ________________.

Ihr Schwanz ist beweglich und hilft beim Balancieren. Mit dem Schwanz

________________ Hunde sich auch.

Das Raubtiergebiss vom Hund

3 a) **Beschrifte** die Abbildung. **Hilfe** findest du im Buch.

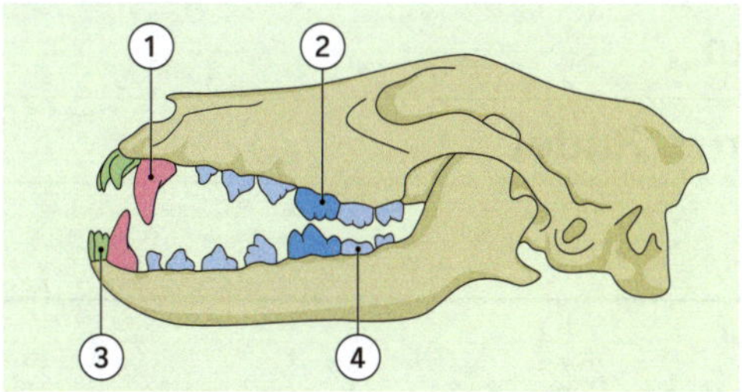

① ______________________________

② ______________________________

③ ______________________________

④ ______________________________

b) **Verbinde** den **Zahn** mit seiner **Funktion.**

Eckzahn	Reißzahn	Schneidezahn	Backenzahn

zerschneidet Fleischstücke	hält die Beute fest	reißt das Fleisch raus	zupft Fleisch vom Knochen

»

Der Hund stammt vom Wolf ab

1 Der Mensch lebte schon früh mit dem Wolf zusammen.
Kreise die Gründe ein.

Schutz Spielen Jagd Kuscheln

Verhalten von Hund und Wolf

2 Hunde und Wölfe verhalten sich ähnlich.
Nenne zwei ähnliche Verhaltensweisen.

____

____

Die Fortpflanzung des Hundes

3 Setze die Wörter in die Lücken ein.

Säugen • Welpen • Nesthocker • taub • Säugetieren • blind • acht

Eine Hündin ist ____________ Wochen schwanger. Die Hundebabys heißen

____________.

In den ersten zwei Wochen sind sie ____________ und ____________.

Hundewelpen brauchen die Mama. Sie heißen deswegen ________________.

Die Welpen trinken Muttermilch. Das Trinken heißt ____________.

Hunde gehören zu den ________________.

Wölfe leben im Rudel

4 Schreibe zu den Stichwörtern einen Satz auf.

Wölfe • leben • Rudel

____

Rudel • besteht aus • Eltern • Kindern

____

Rudel lebt • großes Revier • markiert • das Revier • Duftstoff im Urin

____

____

Katzen sind Haustiere

1 Kreise ein. Welche **Aufgabe** hatte die **Katze** vor allem **früher** auf dem Hof?

Kuscheltier Aufpasser Mäusejäger

2 Das Raubtiergebiss der Katze

a) Beschrifte die Abbildung.
Hilfe findest du im Schulbuch.

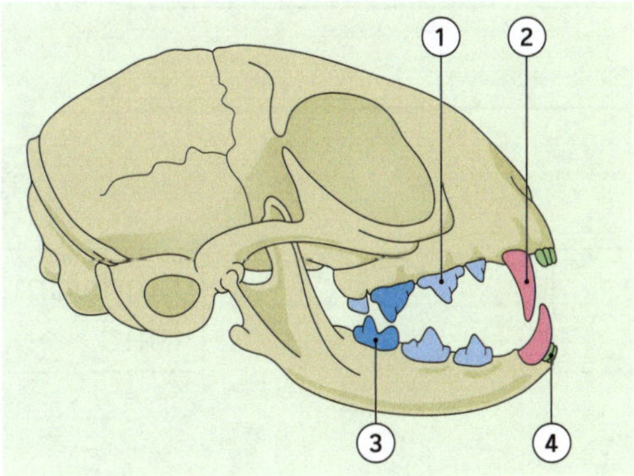

① ______________________

② ______________________

③ ______________________

④ ______________________

b) Verbinde den **Zahn** mit seiner **Funktion**.

Eckzahn | Schneidezahn | Backenzahn

zerschneidet Fleischstücke | hält die Beute fest | zupft Fleisch vom Knochen

Katzen: Revierverhalten und Beweglichkeit

3 **Setze** die **Wörter** aus dem Kasten in die Lücken **ein**.

Krallen • Revier • Wirbel • Urin • Duftstoffe

Damit alle anderen Katzen ihr Revier erkennen, markiert die Katze ihr _______________. Sie reibt sich an Bäumen oder Gegenständen und hinterlässt _______________ und _______________.

Katzen sind viel beweglicher als Menschen. Die _______________ der Wirbelsäule sind sehr beweglich verbunden. Katzen können gut springen und klettern. Zum Klettern haben sie ihre _______________.

»

Die Abstammung und Lebensweise der Rinder

1 **a)** Unsere Hausrinder sind durch Züchtung entstanden.
Nenne den **Namen** des Wildrindes. Von ihm stammen die Hausrinder ab!

____

b) Unsere Hausrinder sind Nutzrinder. Es gibt zwei verschiedene **Nutzrinder.** **Nenne** sie!

__________________ liefern __________________

__________________ liefern __________________

c) **Verbinde** die Kästen!

männliches Rind	weibliches Rind	Kind vom Rind
Kuh	Kalb	Bulle

Die Ernährung der Rinder

2 **a)** **Beschreibe,** wie das Rind das Gras abreißt.
Das Rind umschließt mit seiner Zunge ...

____

____

b) **Beschreibe,** wie das Gras zermahlen wird.
Die breiten Backenzähne ...

____

____

c) Die **Nahrung** des Rindes muss durch viele Mägen. **Zeichne** den **Weg** mit **Pfeilen.** (Hilfe: siehe Schülerband) Achtung, die Nahrung wird einmal wieder ins Maul zurückgewürgt!

Pansen   Dickdarm

Maul

Netzmagen   Dünndarm

Blättermagen   Labmagen

Wo die Eier herkommen

1 **Nenne** vier **Verhaltensweisen** eines Huhns.

① ______________________________

② ______________________________

③ ______________________________

④ ______________________________

Haltungsformen von Hühnern

2 a) **Verbinde** die Haltungsform mit der Erklärung.

Kleingruppen-haltung	Bodenhaltung	Freilandhaltung	Ökologische Haltung

• Leben auf einer Wiese • viel Platz • können scharren, nach Futter picken • viele Sitzstangen	• Drahtkäfig • wenig Platz • 30 – 60 Tiere in einem Käfig • werden dadurch aggressiv	• viel Platz • Leben wie in der Natur • natürliches Futter ohne Zusätze	• große Hallen • wenig Platz • künstliche Beleuchtung

b) Welche **Haltungsform** ist für die Hühner **am besten**?

____

Kennzeichnung der Hühnereier

3 Auf dem Hühnerei steht die **Haltungsform**. **Benenne** sie alle.

0 = ______________________

1 = ______________________

2 = ______________________

3 = ______________________

Was Pflanzen für uns bedeuten

1 Wir **nutzen Pflanzen** auf unterschiedliche Weise. **Schreibe** zu jedem Bild, wie die Pflanze genutzt wurde.

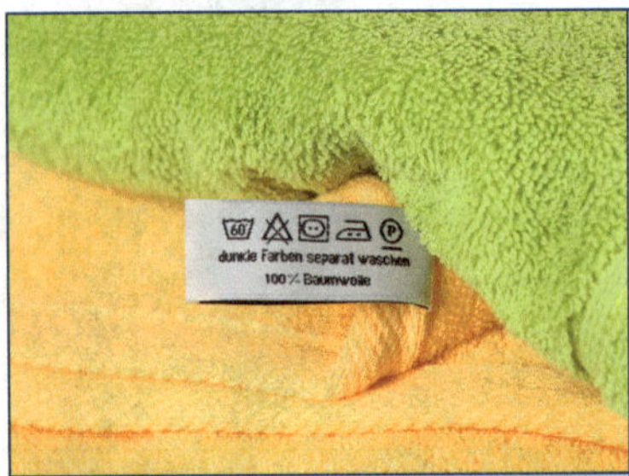

2 **Vervollständige** die **Mindmap** zum Thema „Was Pflanzen für uns bedeuten“. Folgende **Begriffe** helfen dir:

Waschmittel • Öl • Lippenstift • Möbel • Kraftstoffe • Holzlöffel • Möhren • Arznei

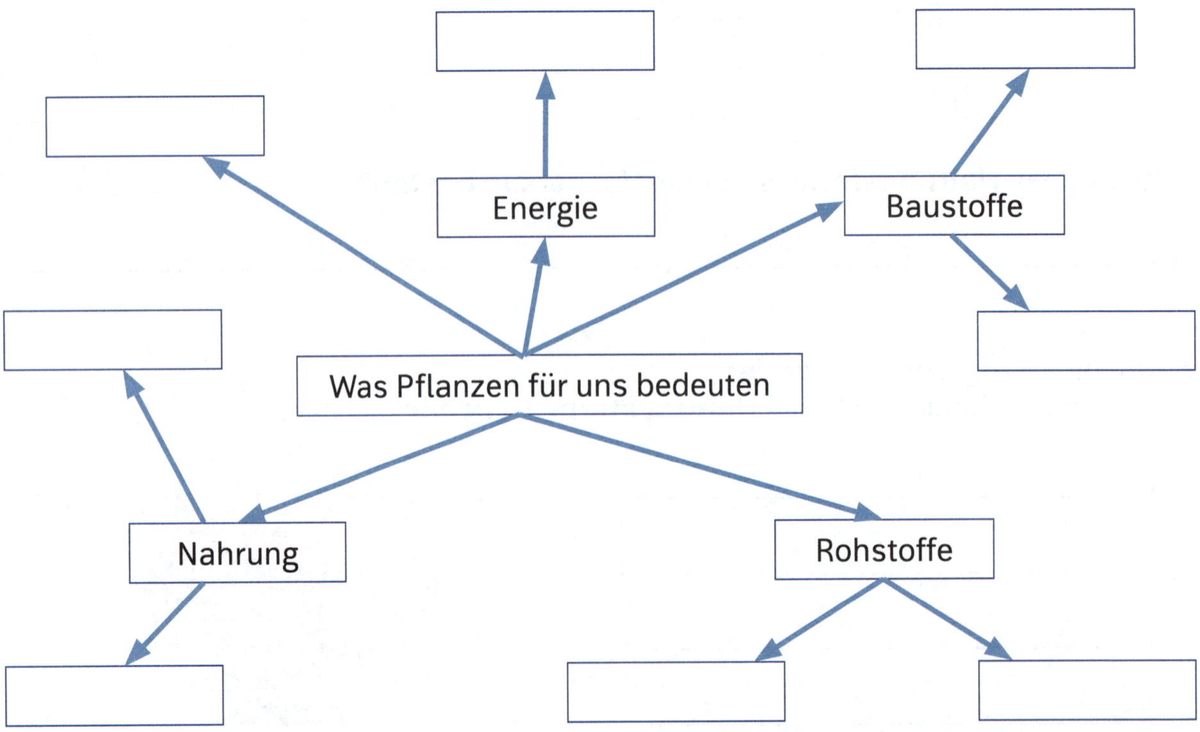

Grundbauplan einer Blütenpflanze

1 **Trage** die **Wörter** aus dem Kasten in den Lückentext **ein**.

Sprossachse • Spross • zwei • Wurzel

Eine Blütenpflanze besteht aus ________ Teilen. Ein Teil ist in der Erde, der andere Teil darüber. Der Teil über der Erde heißt __________. Der Teil unter der Erde heißt __________. Die ______________ gibt der Pflanze ihre typische Form.

Pflanzenteile und ihre Funktionen

2 **Verbinde** die **Pflanzenteile** mit ihrer **Funktion**.

Pflanzenteile
Laubblatt
Wurzel
Leitungsbahnen in der Sprossachse
Blüte
Wurzel

Funktion
gibt festen Halt im Boden und nimmt Wasser auf
stellt Nährstoffe und Sauerstoff her
braucht die Pflanze zur Fortpflanzung
transportieren Wasser und Mineralstoffe
speichert Stoffe

Verschiedene Wuchsformen

3 **Verbinde** die unterschiedlichen **Wuchsformen** im Bild und **Kästchen** miteinander!

Krautige Pflanzen

Sträucher

Bäume

grüner Spross – Spross stirbt im Winter ab

Seitentriebe aus Holz – werden viele Jahre alt

Sprossachse ist ein Holzstamm – haben eine Baumkrone

Der Aufbau der Blüte

1 **Beschrifte** den Bau einer Blüte. **Benutze** die **Wörter** aus dem Kasten.

Narbe • Griffel • Fruchtknoten • Staubfaden • Stempel • Staubbeutel • Staubblatt • Kronblatt • Kelchblatt • Blütenboden • Samenanlage mit Eizelle

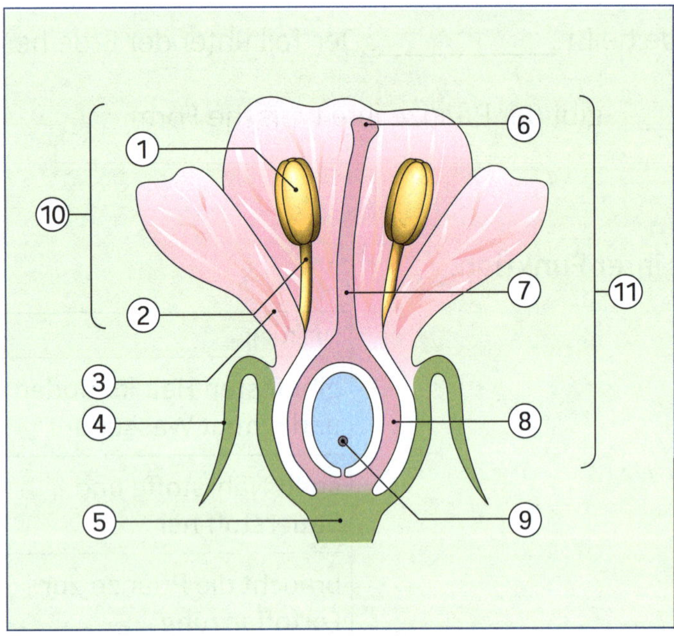

①	
②	
③	
④	
⑤	
⑥	
⑦	
⑧	
⑨	
⑩	
⑪	

Befruchtung

2 **Erkläre** die Befruchtung. **Trage** die **Wörter** aus dem Kasten in den Lückentext **ein.**

männliche Spermienzelle • weibliche Eizelle • Pollenkörnern • Griffel • Pollenschläuche • Fruchtknoten

Aus den Pollenkörnern auf der Narbe wachsen ______________________.

Ein Pollenschlauch schafft es durch den ______________ bis in den

______________ zu wachsen. In dem Pollenschlauch ist die

______________________. Der männliche Samen trifft im Fruchtknoten auf die

__________________. So wird die Eizelle befruchtet.

Entwicklung der Frucht

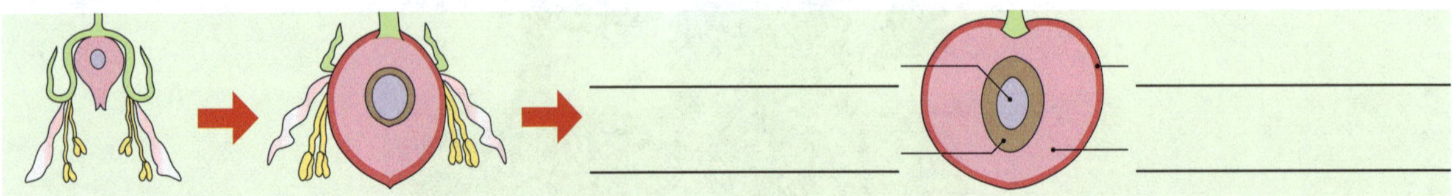

3 **Beschrifte** die Abbildung. Beschreibe, was mit dem Fruchtknoten passiert.
Benutze folgende **Wörter:**

Fruchtknoten • dicker • Kirschkern • Kern • neue Samen

____

Bau eines Samens

1 a) **Beschreibe** die Bohne nach dem Wasserkontakt. **Kreise** die richtigen Wörter **ein**.

klein dick hart weich gequollen

b) **Beschrifte** den aufgeklappten Samen mit folgenden **Begriffen**:

Laubblatt • Keimwurzel • Keimstängel • Keimblatt

1 vor und nach dem Wasserkontakt (a)

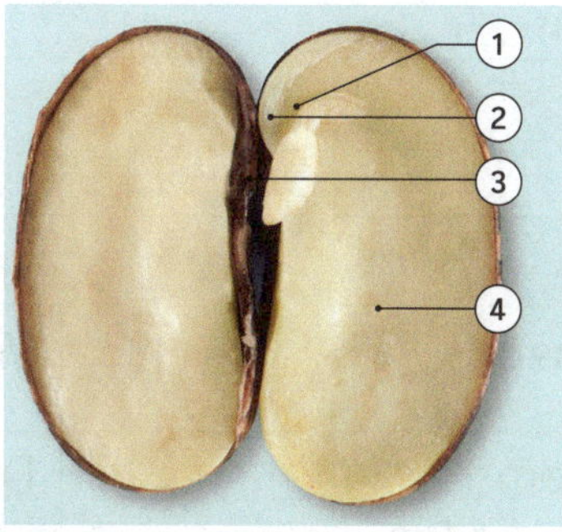

2 Aufgeklappter Samen (b)

① ____________________

② ____________________

③ ____________________

④ ____________________

Der Samen keimt

2 **Setze** die **Wörter** in die Lücken **ein**.

Keimung • groß • Keimwurzel • Wasser • quillt • Keimblätter • schwer

Der Samen einer eingepflanzten Gartenbohne nimmt aus dem Boden ____________ auf. Der Samen ____________ auf und wird ____________ und ____________. Jetzt kann die ________________ wachsen. Der Keimstängel wächst auch und zieht die __________________ aus dem Boden heraus. Der Keimstängel und die Keimblätter wachsen. Die ________________ ist fertig, wenn die Bohne grüne Blätter hat.

Geschlechtliche und ungeschlechtliche Vermehrung

3 **Verbinde** die Kästen mit den Bildern.

Geschlechtliche Fortpflanzung

Ungeschlechtliche Fortpflanzung

Die Pflanze hat nur eine Mutterpflanze. Sie entwickelt sich ohne Bestäubung und Befruchtung.

Die Pflanze hat zwei Elternpflanzen. Sie entwickelt sich nach der Bestäubung und Befruchtung.

»

Pflanzen verbreiten sich durch Samen

1. Pflanzen bilden oft sehr viele Samen. Jede Pflanze hat ihre eigene Art, die Samen zu verbreiten.

   Nenne für jede Verbreitungsart ein **Beispiel**. **Schreibe** das Beispiel in den **Kasten**.

Verbreitung durch Wasser

Die Samen können auf dem Wasser schwimmen und werden so weggetragen.

Verbreitung durch Wind

Die Samen können fliegen. Sie haben Flügel oder Schirme. Der Wind trägt sie weiter.

Verbreitung durch Tiere

Tiere fressen die Samen oder die Samen hängen sich an die Tiere, wie eine Klette. Die Tiere laufen herum, der Samen fällt ab oder die Tiere scheiden die Samen im Kot aus.

Selbstverbreitung

Die reifen Früchte der Pflanze verdrehen sich und schleudern dabei den Samen heraus.
Der Samen springt dadurch weit weg.

2. Nicht jeder Samen landet an einem Ort, an dem er gut wachsen kann. **Erkläre**, warum es für Pflanzen **wichtig** ist, **viele Samen** zu **bilden**.

   Starthilfe: Überlege, was passieren würde, wenn eine Pflanze nur zwei Samen hat und beide Samen fallen auf die Straße, wo sie nicht wachsen können.

Das benötigt die Pflanze zur Fotosynthese

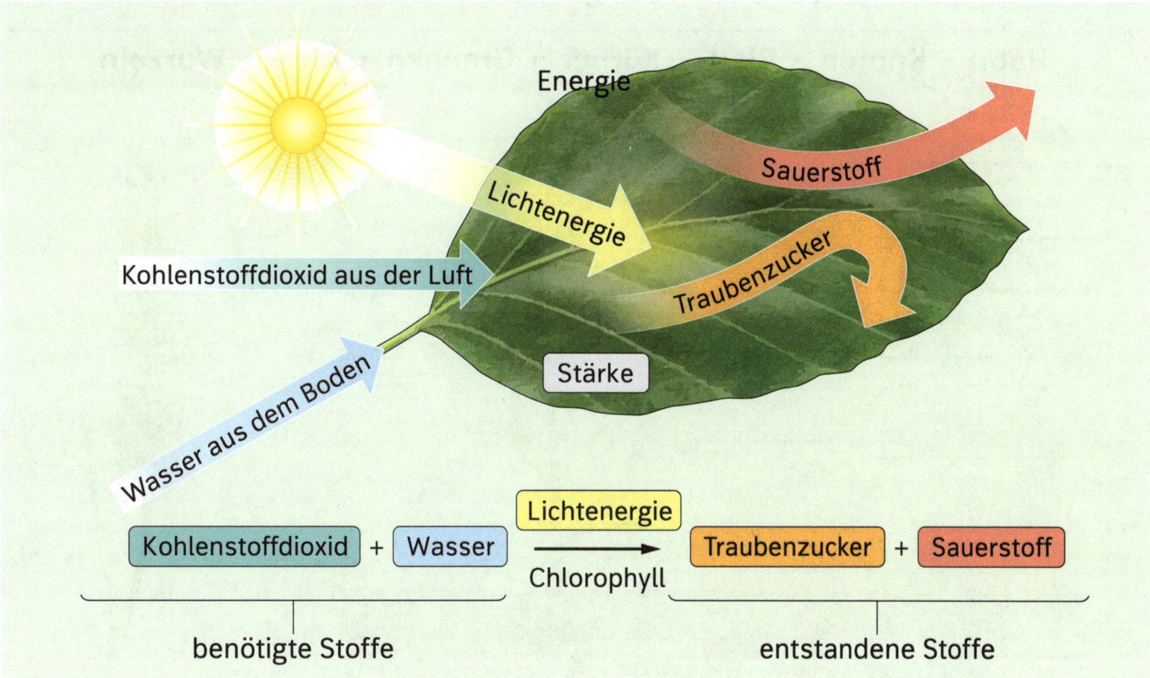

1 **Betrachte** die Abbildung. **Beantworte** die Fragen.

a) Welche Stoffe benötigt die Pflanze für die Fotosynthese?

____

b) Woher nimmt die Pflanze die Energie für die Fotosynthese?

____

c) Welche Stoffe entstehen bei der Fotosynthese?

____

Der Ort der Fotosynthese

2 **Lies** im Schulbuch den Abschnitt „Ort der Fotosynthese“. **Beantworte** die Fragen.

a) Wo findet die Fotosynthese statt?

____

b) Was ist im Blatt gespeichert?

____

c) **Erkläre**, warum die Fotosynthese nur im **grünen Blatt** ablaufen kann. **Starthilfe**: **Überlege**, was ist im grünen Blatt gespeichert und wofür die Pflanze es braucht.

____

____

»

Bau der Getreidepflanze

1 **Beschrifte** die Getreidepflanze. Die **Begriffe** im Kasten helfen dir.

Halm • Knoten • Blatt • Körner • Grannen • Ähre • Wurzeln

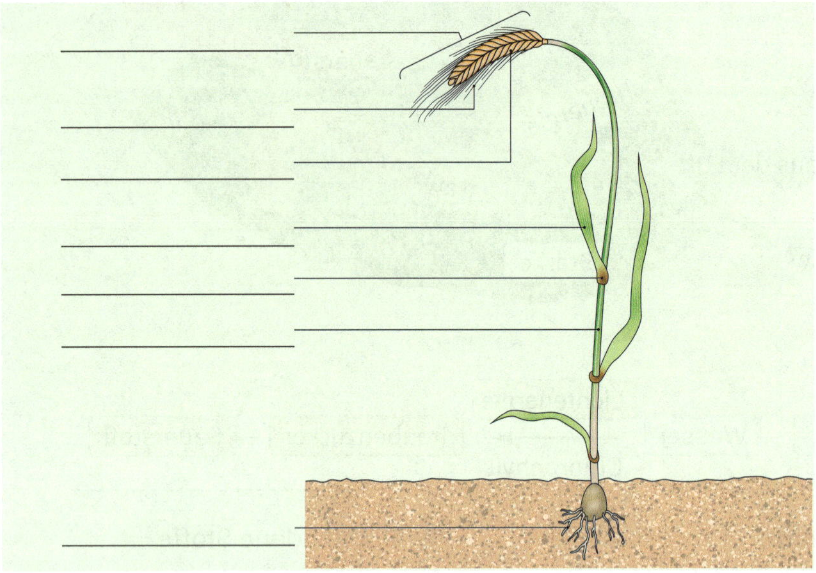

Entwicklung der Getreidepflanze

2 Eine Getreidepflanze entwickelt sich aus einem Getreidekorn.
Nummeriere die Entwicklung in der **richtigen Reihenfolge**.

	Das Korn nimmt in der feuchten Erde Wasser auf.
	Nach einiger Zeit werden der Spross und die Blätter sichtbar.
	Das Korn ist der Samen der Getreidepflanze.
	Das Korn quillt auf und danach wächst die Wurzel.
	Der Samen ist gekeimt.

Der Kartoffelanbau

3 **Beschreibe** die Entstehung neuer Kartoffeln. **Setze** die **Wörter** in die Lücken **ein.**

grüne Blätter • Kartoffeln • kleine Sprosse • Mutterknolle

Aus den Augen der Mutterknolle treiben ____________________.

Die Mutterknolle wird in den Boden gepflanzt.

Aus der ____________________ entstehen Wurzeln, der Spross und ____________________. Es bilden sich kleine neue Kartoffeln.

Am Ende des Sommers sind aus der Mutterknolle viele neue ____________________ entstanden.

Kreuzblütengewächse und Schmetterlingsblütengewächse

1 a) Pflanzen, die gleich gebaut sind, gehören zu einer **Pflanzenfamilie**.
Beschrifte die Blüte einer Kreuzblüte und einer Schmetterlingsblüte.
Hilfe findest du im Schulbuch.

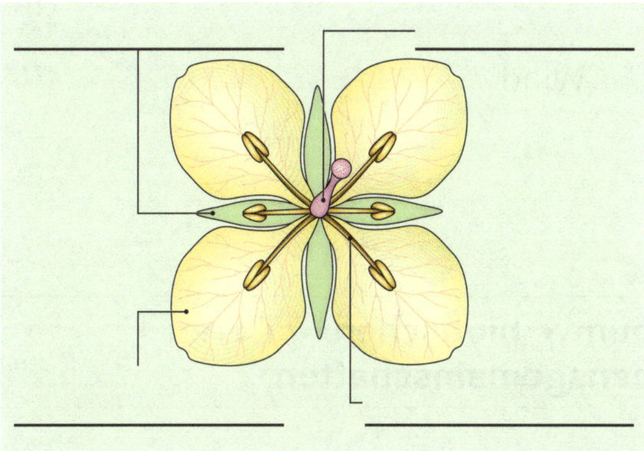

b) Verbinde die **Bilder** mit der **Pflanzenfamilie**.

1 Rettich

2 Bohne

3 Rucola

Kreuzblütengewächse	Schmetterlingsblütengewächse

2 Verbinde die **Pflanzenfamilie** mit der richtigen **Beschreibung**.

Kreuzblütengewächse
Schmetterlingsblütengewächse

Die Früchte heißen Schote.
Alle Kohlsorten gehören zu der Pflanzenfamilie.
Die Früchte heißen Hülsenfrüchte.
Die Pflanzenfamilie liefert dem Menschen wichtige Nährstoffe, wie z. B. Eiweiß.
Zu der Pflanzenfamilie gehören z. B. Erbsen und Bohnen.

Was ist ein Lebensraum?

1 **Kreise** ein, was zu einem Lebensraum und seinen **Umweltbedingungen** gehört.

Lichtstärke Wasser Beschaffenheit des Bodens Temperatur

Feuchtigkeit Wind

Ökosystem

2 **Setze** die Fachbegriffe **ein**.

abiotischen • Lebensraum • biotischen • Tieren • Pflanzen • Lebensgemeinschaften

Ein Ökosystem besteht aus dem ______________________________ und den ______________________________.

Der Wald ist ein ______________________________. Welche Tiere und Pflanzen dort leben, hängt von den ____________________ Faktoren ab.

Im Wald gibt es Lebensgemeinschaften. Lebensgemeinschaften bestehen aus den ____________________ und ____________________, die zusammen leben.

Sie beeinflussen sich gegenseitig. Das sind die ____________________ Faktoren.

Abiotische und biotische Faktoren

3 **Streiche** die falschen Begriffe **durch**.

Abiotische / Biotische Faktoren sind Faktoren, die sich auf die Lebewesen und ihr Zusammenleben beziehen (z. B. Nahrungsbeziehungen).

Abiotische / Biotische Faktoren sind Faktoren, die sich auf die Umgebung beziehen, die nicht lebendig ist (z. B. Temperatur).

Die Gruppen der wirbellosen Tiere

1 Wozu gehört welches Tier? **Verbinde** das **Tier** mit seiner **Gruppe**.

Weichtiere

Schnecke

Insekten

Biene

Spinnentiere

Regenwurm

Ringelwürmer

Kreuzspinne

Die Entwicklung eines Schmetterlings

2 **Schreibe** die **Fachbegriffe** zur den **Entwicklungsstadien** des Schmetterlings in der **richtigen Reihenfolge** auf.

Verpuppung • Falter • Ei • Puppe • Raupe

① ______________________________

② ______________________________

③ ______________________________

④ ______________________________

⑤ ______________________________

»

Die Schichten des Waldes

1 Welche Pflanzen und Tiere sind in welcher Schicht? **Fülle** die Tabelle **aus**.

Schicht	Pflanzen	Tiere
Baum-schicht		
Strauch-schicht		
Kraut-schicht		
Moos-schicht		
Wurzel-schicht		

Die Waldtypen

2 **Verbinde** die **Bilder** mit dem **Fachbegriff** und der **Beschreibung**.

steht teilweise unter Wasser, bietet vielen Pflanzen und Tieren einen Lebensraum	**Buchenmischwald**
trockener Boden, viele Sträucher, flache Wurzeln, wenig Tiere finden Nahrung	**Fichtenwald**
feuchter Boden, viele Sträucher, tiefe Wurzeln, viele Tiere finden Nahrung	**Auwald**

Produzent, Konsument, Destruent

1 **Verbinde** die **Begriffe** mit ihrer Erklärung und einem passenden **Bild**.

Konsument	zersetzt die Reste von Pflanzen und Tieren
Destruent	produziert Nährstoffe
Produzent	ernährt sich von Pflanzen oder anderen Tieren

Nahrungskette

2 a) **Schreibe** zwei weitere **Nahrungsketten** auf. Die Abbildungen im Schulbuch auf Seite 101 helfen dir.

Walderdbeere → Schnecke → Dachs

☐ → ☐ → ☐

☐ → ☐ → ☐

b) **Kreise ein**, mit wem die Nahrungskette immer beginnt.

Produzent Destruent Konsument

3 Wen frisst der Wolf? Die Abbildungen im Schulbuch auf Seite 101 helfen dir.

____

Leben am und im Teich

1 a) **Beschreibe,** wer frisst wen.

b) **Nenne** den **Fachbegriff** für die Abfolge von Fressen und Gefressen-Werden.

___

___

___

2 a) **Ordne** den Gewässerzonen typische Pflanzen und Tiere **zu**.
Betrachte hiefür die **Abbildung**.

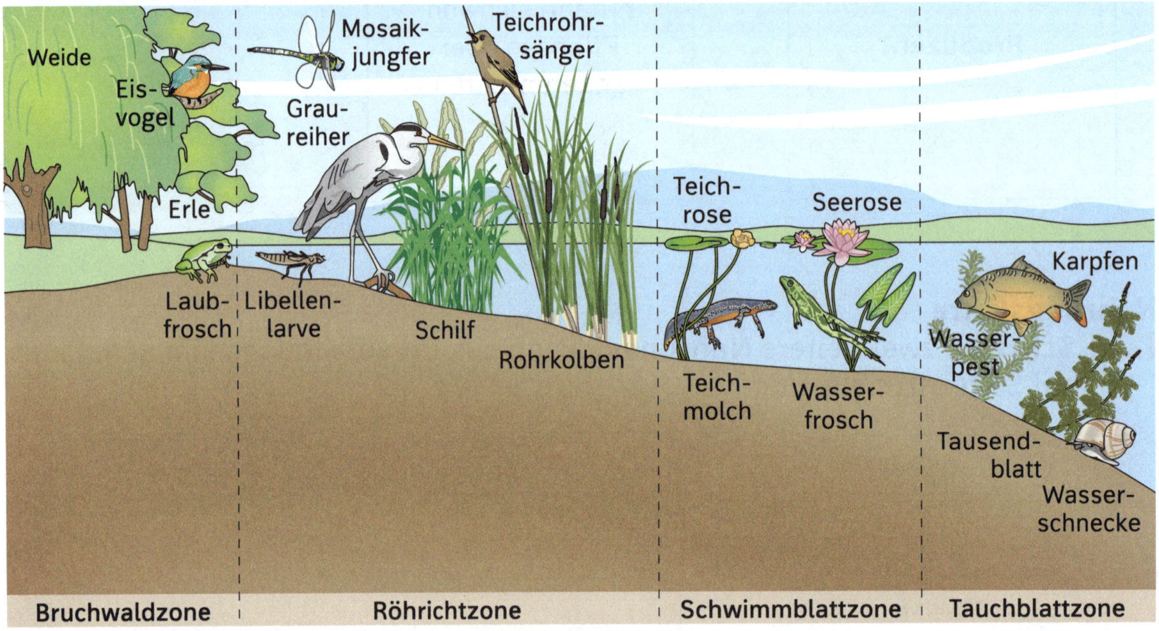

Gewässerzone	Pflanzen	Tiere
Bruchwaldzone		
Röhrichtzone		
Schwimmblattzone		
Tauchblattzone		

Der Körperbau der Fische

1 **Beschrifte** den Fisch! Schreibe die **Begriffe** auf die Linien!

Brustflosse • Kiemendeckel • Maul • Auge • Seitenlinienorgan
Bauchflosse • Schuppen • Nasengrube • Afterflosse
Schwanzflosse • Rückenflosse • After

Mit Flossen schwimmen

2 **Verbinde** die **Flosse** mit ihrer **Funktion.**

Flosse
Schwanzflosse
Rückenflosse und Afterflosse
Bauchflossen und Brustflossen

Funktion
Sie verhindern das Umkippen der Fische.
Vorwärtsbewegung
Damit bremsen und lenken die Fische

3 **Erkläre, warum** die Fische ihr Maul ständig öffnen und schließen.
Diese **Begriffe** helfen dir: Atmung – Kiemen

____

____

»

Laubfrösche im Wasser und an Land

1 Laubfrösche leben in verschiedenen Lebensräumen.
Verbinde den **Lebensraum** mit der **Erklärung** im Kasten.

1 Frosch an Land

2 Frosch im Wasser

paaren sich, legen Eier ab

jagen Insekten

Aus Eiern entwickeln sich Larven

2 a) **Nummeriere** die **Bilder** der Reihenfolge nach.
b) **Beschrifte** die Abbildung mit folgenden **Begriffen**:

Kaulquappe • Kaulquappe mit Hinter- und Vorderbeinen • Laich • junger Laubfrosch • Kaulquappe mit Hinterbeinen

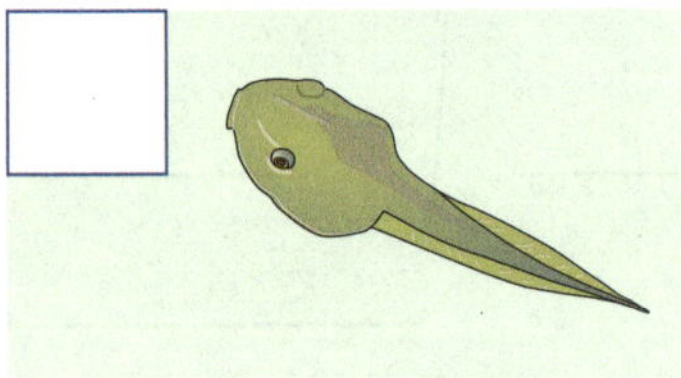

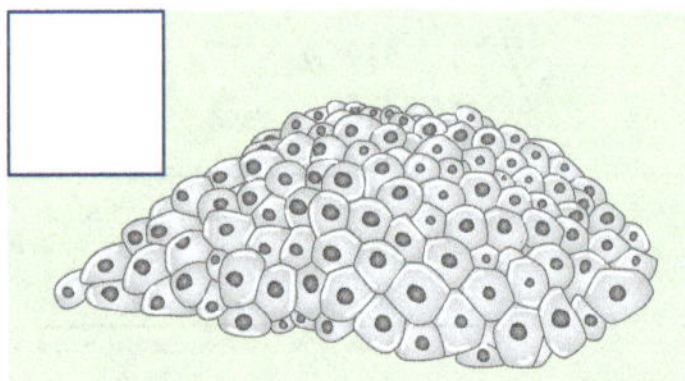

c) Aus Larven werden Frösche.
Wie nennt man die **Verwandlung** vom **Ei** über eine Kaulquappe zum **Frosch**?
Bringe die Buchstaben in die **richtige Reihenfolge**.

E T M O R M P S O E A H

____

Eidechsen sind wechselwarm

1 Reptilien haben besondere Merkmale. **Kreuze** an.

☐ Sie haben eine trockene, schuppige Haut.

☐ Sie leben nur im Schnee.

☐ Sie sind wechselwarm.

☐ Sie legen Eier mit einer ledrigen Schale.

2 **Kreuze** die richtige Aussage **an**.

Wenn es warm ist, ist ihre Körpertemperatur

☐ auch warm.

☐ immer gleichbleibend egal ob warm oder kalt.

☐ kalt.

Wenn es kalt ist, ist ihre Körpertemperatur

☐ auch warm.

☐ immer gleichbleibend egal ob warm oder kalt.

☐ kalt.

Die Fortpflanzung und die Häutung

3 Eidechsen sind an das Leben in heißen Gegenden angepasst.

a) **Schreibe** zwei Merkmale in Sätzen dazu **auf**. Die **Stichwörter** helfen dir.

Eier • Haut

____

____

____

b) **Streiche** die falschen Wörter **durch**.

Eidechsen **wachsen/wachsen nicht** ihr Leben lang. Ihre Haut **wächst / wächst nicht** mit. Deswegen müssen sie sich häuten. Die alte Haut wird dabei **abgestreift / nicht abgestreift.** Darunter ist eine neue Haut.

»

Arktis und Antarktis

1 Eisbären leben in der Arktis am Nordpol. Kaiserpinguine leben in der Antarktis am Südpol. Erkläre, warum der Eisbär keine Kaiserpinguine frisst.

____

____

Kaiserpinguin

2 **a)** Der Kaiserpinguin ist sehr gut an die Kälte angepasst. Kreise ein, welche Körpermerkmale ihn vor der Kälte schützen.

Größe   gelber Fleck   Federn   Fettschicht   Füße

b) Der Kaiserpinguin schützt sich auch mit seiner Gruppe vor der Kälte. Bringe die Satzteile in die richtige Reihenfolge.

und wärmen sich • Kaiserpinguine • gegenseitig • stehen • eng beieinander

____

____

tauschen • Sie • die Plätze

____

So • mal • in der • jeder • warmen Mitte • steht

____

Anpassung an die Sandwüste

3 Das Dromedar und der Wüstenfuchs sind an die Hitze in der Wüste angepasst. Kreuze an, auf welche Weise sie angepasst sind.

☐ schläft viel ☐ speichert Wasser ☐ bewegt sich langsam

☐ speichert Fett im Höcker ☐ trinkt schnell

☐ isst wenig ☐ verliert Wärme über die großen Ohren

☐ bewegt sich langsam

Lebensräume in Gefahr

1 Menschen zerstören die Lebensräume von Tieren.
Nenne zwei Arten der **Zerstörung**.

____

____

Bedrohte Arten

2 Es gibt Tiere, die vom Aussterben bedroht sind. Das bedeutet, dass auch das letzte Tier dieser Art sterben kann. Diese Tiere stehen auf einer Roten Liste.
Kreise drei Lebewesen **ein,** die auf der **Roten Liste** stehen.

Der Klimawandel

3 **Setze** die Wörter in die **Lücken ein.**

Naturkatastrophen • Holz • erwärmt • Erdöl • Klimawandel • Kohle

Wir verbrennen viel __________, __________ und __________, wenn wir heizen, Auto fahren oder Energie gewinnen wollen.

Das Verbrennen setzt Gase frei. Die Gase verstärken den ______________. Die Gase führen dazu, dass sich die Erde __________. Es kommt dadurch zu ______________, zum Beispiel Überschwemmungen und Orkane.

Was wir tun können

4 **Nenne** zwei Möglichkeiten, wie du zum **Naturschutz** beitragen kannst.

____

____

»

Der Weg des Lichts

1 Vervollständige die **Sätze** mithilfe der Abbilung.

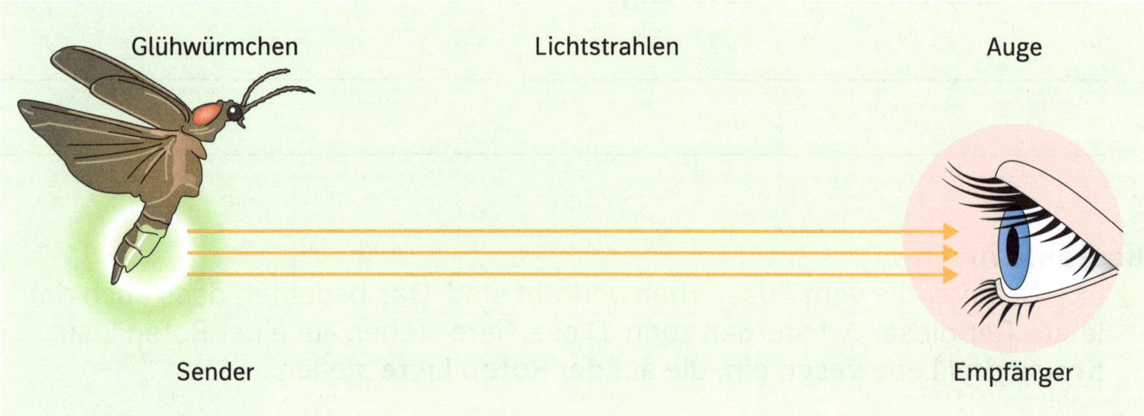

Sender-Empfänger-Modell

Das ____________________ ist der ____________________.

Es sendet ____________________. Die Lichtstrahlen übermitteln dem

____________________ Informationen. Der Empfänger ist das ____________.

Der Empfänger muss die Informationen verarbeiten. Man spricht von einem

____________________________-Modell.

Beleuchtete und selbstleuchtende Körper

2 Verbinde die Fachbegriffe mit den Gegenständen.

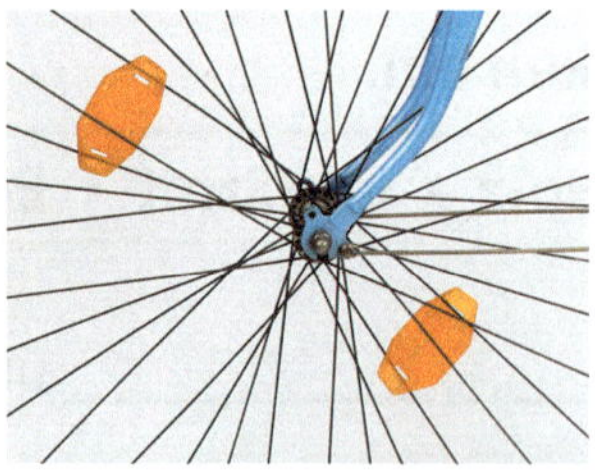

beleuchteter Körper	selbstleuchtender Körper

Der Weg des Lichts bei beleuchteten Körpern

3 Streiche die falschen Wörter **durch.**

Beleuchtete Körper können **kein Licht / können Licht** erzeugen. Sie sind **selber Lichtquellen / keine Lichtquellen.** Sie leiten das Licht weiter in unsere Augen.

Eigenschaften des Lichts

1 Welche Eigenschaften hat Licht? **Beantworte** hierfür folgende Fragen:
Ist Licht sichtbar?

____

Wie breitet sich Licht aus?

____

In welche Richtung breitet sich Licht aus?

____

Das Licht breitet sich geradlinig und in alle Richtungen aus.
Es wird durch das Modell des Lichtstrahls beschrieben.

2 Licht breitet sich in alle Richtungen ausbreiten.
Welche Bilder passen zu der Aussage? **Kreise ein.**

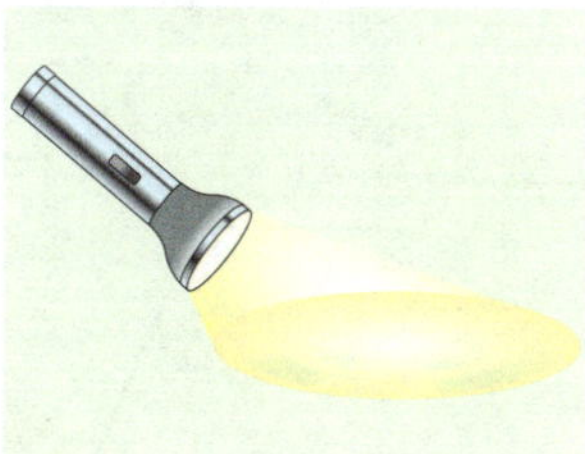

Die Randstrahlen

3 Das Licht einer Taschenlampe strahlt nach vorne.
Schreibe die Fachbegriffe auf die Linien.

Lichtquelle • Lichtbündel • Randstrahlen

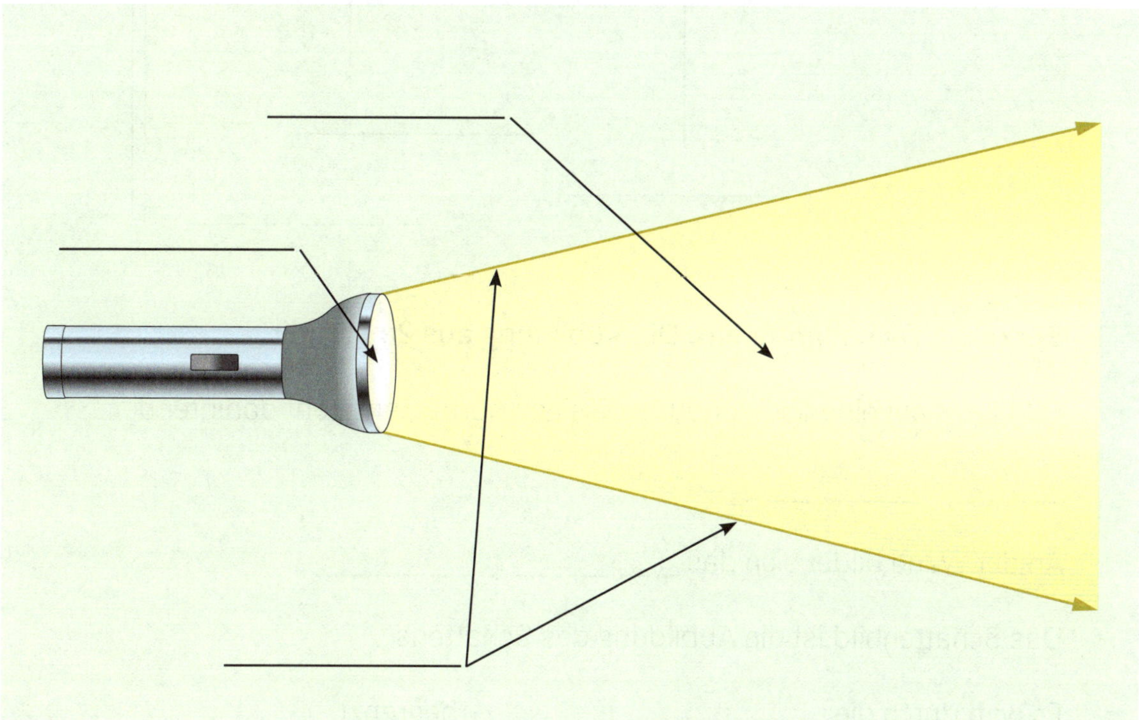

»

Ohne Licht entsteht kein Schatten

1 Ein Schatten ist sichtbar. Was braucht man dafür? **Kreuze an.**

- ☐ gutes Wetter
- ☐ Lichtquelle
- ☐ dunkles Licht
- ☐ Wand
- ☐ lichtundurchlässiger Körper

2 a) **Beschrifte** die Abbildung.

Lichtquelle • lichtundurchlässiger Körper • Schattenraum • Schattenbild • Wand • Randstrahlen

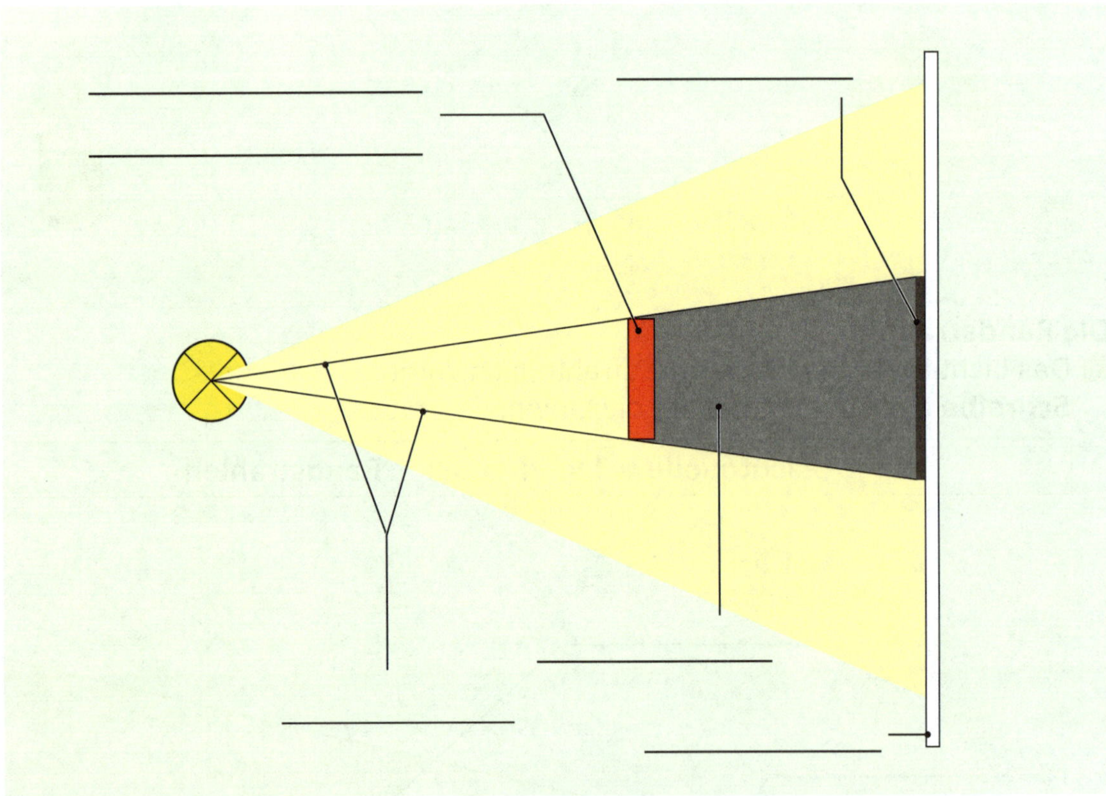

b) **Setze** die Fachbegriffe **ein.** Die Abbildung aus 2a hilft dir.

Fällt Licht auf einen lichtundurchlässigen Körper, entsteht dahinter der

________________________.

An der Wand bildet sich das ________________________.

Das Schattenbild ist die Abbildung des Schattens.

Es wird durch die ________________________ begrenzt.

Die Mondphasen

1 Warum verändert der Mond seine Form?
Kreuze die richtigen Aussagen **an.**
Schreibe die richtigen Aussagen **untereinander.**

- ☐ Der Mond dreht sich um die Erde.
- ☐ Die Erde dreht sich um den Mond.
- ☐ Der Mond wird von der Sonne angestrahlt.
- ☐ Der Mond leuchtet selber.
- ☐ Weil der Mond sich um die Erde dreht, ändert sich der Teil, den wir sehen.

____

____

____

Tag und Nacht auf der Erde

2 **Verbinde** die richtigen Satzteile miteinander.

Die Erde ist	die der Sonne zugewandt ist.
Die Sonne beleuchtet	in 24 Stunden um sich selbst.
Die Erde dreht sich	eine Kugel.
Tag ist an der Seite der Erde,	die der Sonne abgewandt ist.
Nacht ist an der Seite der Erde,	die Erde.

Die Mondphasen

3 **Verbinde** die Erklärung mit dem Fachbegriff und dem passenden Bild.

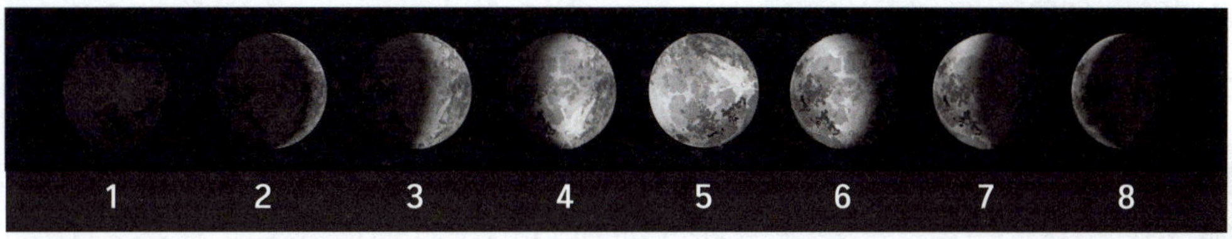

Vollmond

Neumond

Man kann den Mond von der Erde aus nicht sehen.

Der ganze Mond ist zu sehen.

»

Licht breitet sich aus

1 a) **Verbinde** die Fachbegriffe mit der Erklärung.

Reflexion	Die Oberfläche ist dunkel und rau. Sie nimmt das Licht auf.
Streuung	Die Oberfläche ist glatt. Es wird viel Licht in deine Augen gelenkt.
Absorption	Die Oberfläche ist rau oder zerknittert. Das Licht wird in alle Richtungen gelenkt.

b) Auf dem Schulranzen gibt es Oberflächen, die Licht **reflektieren, streuen** und **absorbieren. Verbinde** die Oberfläche mit dem richtigen Begriff.

reflektiert

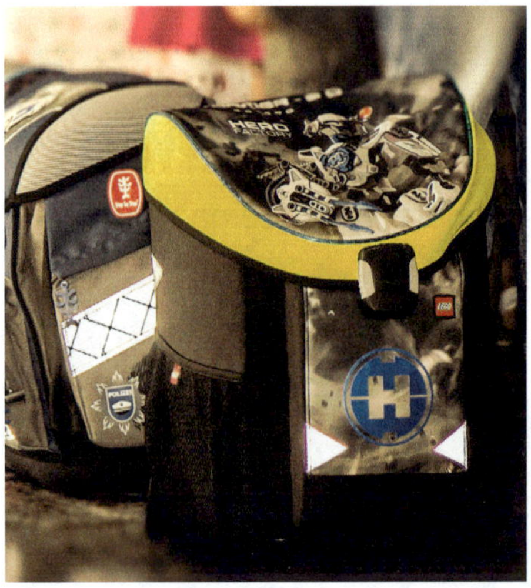

absorbiert

streut

c) Wie verhält sich das **Licht an** diesen **Oberflächen? Schreibe** das Fachwort dazu.

Das Licht wird ______________________.

Das Licht wird ______________________.

Das Licht wird ______________________.

Die Sinnesorgane nehmen Reize wahr

1 **Verbinde** das **Jahrmarkterlebnis** mit dem passenden **Sinn**.

Erlebnis auf dem Jahrmarkt	
	Blinken der Fahrgeschäfte
	Autoscooter fahren und bremsen
	Duft von Popcorn
	Musik beim Karussell

angesprochener Sinn
Geruchssinn
Hörsinn
Sehsinn
Tast- und Schmerzsinn

Vom Reiz zur Reaktion

2 **Nummeriere** den **Weg** vom **Reiz zur Reaktion** in der **richtigen Reihenfolge**.

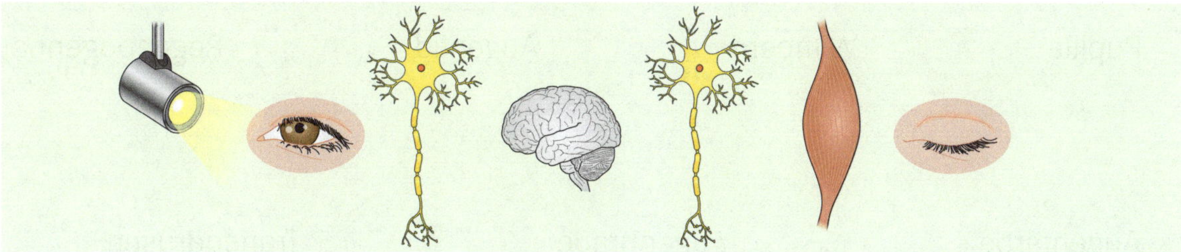

Nummer	Der Weg vom Reiz zur Reaktion
	Das **Sinnesorgan** wandelt den Reiz in Signale um.
	Die **Muskeln** führen eine **Reaktion** aus. Beispiel: Das Schließen deines Auges bei hellem Scheinwerferlicht.
	Im **Gehirn** werden die Signale ausgewertet. Das nennt man **Reizverarbeitung**.
1	Ein **Reiz**, wie zum Beispiel ein Scheinwerferlicht, wird von dem Sinnesorgan Auge aufgenommen.
	Den Vergang nennt man **Reiz-Reaktions-Kette**.
	Das Gehirn schickt dann ein passendes **Nervensignal** an deine **Muskeln**.
	Die **Signale** werden von den **Nerven** ans **Gehirn** geleitet.

Sinnesorgane und Gehirn

3 **Setze** die Wörter richtig **ein**.

Sinneszellen • Signal • Reiz

Das Sinnesorgan Ohr nimmt einen ________________, wie z. B. laute Musik, aus der Umwelt auf. Der Reiz wird im Ohr durch ________________ in Signale umgewandelt. Nerven leiten das ______________ ans Gehirn weiter. So nehmen wir den Reiz wahr.

»

Der Bau des Auges

1 a) **Verbinde** die **Teile** des Auges mit ihrer **Bezeichnung**.
b) **Kreise** die Tränendrüsen und den Tränennasengang **ein**.
Hilfe findest du im Schulbuch.

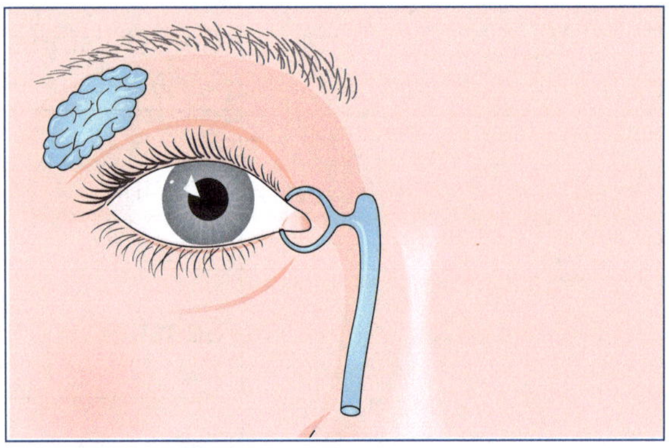

Augenbraue
Lid
Pupille
Wimpern
Regenbogenhaut
Tränendrüsen
Tränennasengang

2 **Kreise** die Schutzeinrichtungen des Auges **ein**.

Pupille Wimpern Augenlid Regenbogenhaut

Augenfarbe Augenbraue Tränendrüsen

Der Seheindruck

3 **Verbinde** den **Teil** des Auges mit der richtigen **Funktion**.

Teil des Auges
Wimpern, Augenlid und Augenbrauen
Lederhaut
Linse
Regenbogenhaut
Tränendrüsen

Funktion
gibt die Augenfarbe und passt das Auge ans Licht an.
schützen das Auge vor Schmutz und Schweiß.
befeuchten das Auge, befördern so auch Fremdkörper hinaus.
schützt den Glaskörper und gibt die Form.
ermöglicht das scharfe Sehen.

Schallsender und Schallempfänger

1 **Setze** die **Wörter** aus dem Kasten in die Lücken **ein**.

Schallempfänger • überträgt • Schwingung • Schallsender Schallüberträger • Schwingung • empfängt

Die Klingel erzeugt durch ____________________ den Schall. Sie ist der

_______________. Die Luft _______________ den Schall. Die Luft ist der

_________________________. Das Ohr _______________ den Schall. Das Ohr ist

_________________________.

Wie breitet sich Schall aus?

2 **Bringe** die **Aussagen** in die richtige **Reihenfolge**.

Nummer	Ausbreitung von Schall
	Schwingt die Glocke zurück, kommt es zur Luftverdünnung. Die Luftteilchen liegen weiter auseinander.
1	Eine schwingende Glocke stößt die Luftteilchen an.
	Die Schwingungen wechseln sich ab und breiten sich als Schall aus.
	Schwingt die Glocke vor, drückt sie die Luftteilchen zusammen. Das wird Luftverdichtung genannt.

Lautstärke und Tonhöhe

3 **Unterstreiche** Aussagen zur **Lautstärke** gelb und Aussagen zur **Tonhöhe** **rot**.

① Eine Gitarrensaite kann leicht schwingen. Der Ton ist leise.

② Eine kurze Gitarrensaite schwingt schneller als eine lange Gitarrensaite. Der Ton ist höher.

③ Eine lange Gitarrensaite scshwingt langsamer. Der Ton ist tiefer.

④ Eine Gitarrensaite wird stark angezupft. Sie schwingt dadurch schneller. Der Ton ist laut.

⑤ Die Tonhöhe ist abhängig von der Länge der Gitarrensaite.

⑥ Die Lautstärke ist abhängig davon, wie stark die Gitarrensaite angeupft wird.

»

Schallübertragung

1 Bringe die Aussagen in die **richtige Reihenfolge.**

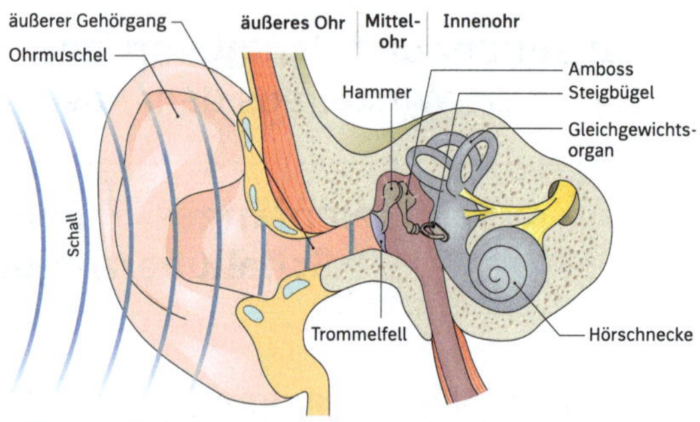

Nummer	Der Weg eines Geräusches bis zum Innenohr
	Die Gehörknöchelchen geben die Schwingung weiter an das Innenohr.
	Unsere Ohren fangen den Schall über die Ohrmuschel auf.
	Der äußere Gehörgang endet mit dem Trommelfell. Das Trommelfell wird vom Schall in Schwingung versetzt.
	Über die Hörschnecke werden die Sinneszellen gereizt. Nun bekommt der Hörnerv die Information über das Geräusch und gibt sie ans Gehirn weiter. Wir hören!
	Geräusche werden über die Luft übertragen. Man nennt es Schall.
	Im Innenohr ist die Hörschnecke. Die Hörschnecke ist mit Flüssigkeit gefüllt. Die Flüssigkeit nimmt die Schwingung auf.
	Das Trommelfell überträgt die Schwingung auf die Gehörknöchelchen.
	Von der Ohrmuschel wird der Schall gesammelt und in den äußeren Gehörgang weitergeleitet.

Ohren brauchen Stille

2 **Erkläre**, **warum** Ohren **Stille** brauchen.
Tipp: Was können Ohren nicht im Gegensatz zu Augen.

___

___

Das Gleichgewichtsorgan

3 Wofür ist das **Gleichgewichtsorgan** zuständig. **Kreuze** an.

☐ für das Erkennen der Raumlage ☐ für das Hören ☐ für das Gleichgewicht

Der Bau eines Ohres

4 **Ordne** die Teile dem äußeren Ohr, dem Mittelohr und dem Innenohr **zu**.

Hammer | Ohrmuschel | Trommelfell | Amboss

äußeres Ohr | Mittelohr | Innenohr

Die Haut ist ein vielfältiges Organ

1 **Kreise** die **Funktionen** der Haut **ein**.

fühlen schön aussehen Wärme- und Kälteempfinden

braun werden Schutz Abkühlung durch Schwitzen

Die Haut braucht Schutz

2 **Wie** schützt du dich **vor** der **Sonne**? **Nenne** Möglichkeiten.

____

____

____

Die Sinneskörperchen

3 **Verbinde** die **Sinneskörperchen** mit der dazugehörigen **Wahrnehmung**.

Sinneskörperchen
Tastkörperchen
Kältekörperchen
Wärmekörperchen
freie Nervenendigungen

Wahrnehmung
Wärme
Schmerz, Juckreiz und Druck
Druck
Kälte

»

Jagen mit Echoortung

1 **Schreibe** die passenden **Wörter** in die **Lücken**.

Echoortung • Schalwellen • Echo

Fledermäuse jagen nachts Insekten. Dazu senden sie ________________ aus.

Die Schalwellen werden von den Insekten als ____________ reflektiert also

zurückgesendet. Das Echo hören die Fledermäuse. Jetzt wissen sie, wo das Insekt

ist. Das nennt man ________________.

Das Jacobson-Organ

2 Der Mausmaki hat ein besonders Riechorgan, das Jacobson-Organ.
Kreuze an, wobei ihm das Organ hilft.

- ☐ Kommunikation
- ☐ Raubfeinde erkennen
- ☐ Schlafplatzsuche
- ☐ Nahrungssuche
- ☐ bei der Paarung

3 Menschenauge und Libellenauge unterscheiden sich.
Verbinde die passenden **Kästchen**.

viele Einzelaugen in einem Auge

kann nicht hinter sich sehen

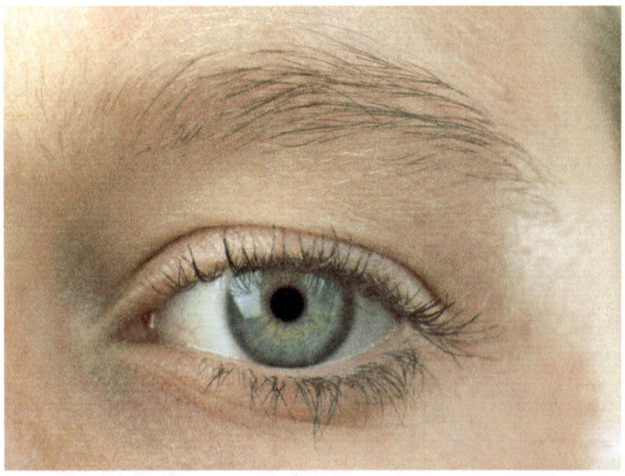

zwei Augen

kann hinter sich sehen

Gegenstände aus gleichem Stoff

1 **Verschiedene Gegenstände** können aus dem **gleichen Stoff** hergestellt werden. **Schreibe** mind. 5 Gegenstände auf, die aus Plastik hergestellt werden.

____

____

Gegenstände mit gleicher Form

2 Ein **Gegenstand** kann aus **verschiedenen Stoffen** gemacht sein. **Schreibe** zwei Stoffe auf, aus denen der Gegenstand gemacht sein kann.

Becher	Tisch	Kleidung
___________	___________	___________
___________	___________	___________
___________	___________	___________

3 Das Wort **Stoff** kann **verschiedene Bedeutungen** im Alltag haben. **Kreise** die **Bedeutungen** ein.

Lerninhalt Tee Textilie Blume Droge

Aggregatzustände der Stoffe

4 **Sortiere** die Stoffe nach ihrem **Aggregatzustand** in die **Tabelle ein.**

Wasser • Eisen • Sandstein • Kupfer • Sauerstoff • Essig • Kohlenstoffdioxid • Apfelsaft • Wasserstoff • Aluminium • Traubenzucker • Olivenöl

fest	flüssig	gasförmig
	Wasser	

»

Sinnesorgane reichen nicht aus

1 **Kreuze an.** Welche Stoffpaare lassen sich mit den Sinnesorganen **nicht unterscheiden?**

- ☐ Eisen und Stahl
- ☐ Holzlaminat und Holzfußboden
- ☐ Alpenmilchschokolade und Zucker
- ☐ Apfelsaft und Orangensaft
- ☐ Keramik und Porzellan

2 **Griffe** an Kochtöpfen sind aus **Kunststoff**. **Kreuze** die richtigen **Gründe an.**

Kunststoff leitet die Wärme nicht.	
Kunststoff sieht besser aus.	
Kunststoff wird nicht warm.	
Kunststoff ist billiger.	

Die Masse bestimmen

3 Bei einer Balkenwaage beinhaltet das Wägeset Vergleichskörper mit der Masse 1 g, 2 g, 5 g und 10 g. Mit den Vergleichskörpern kannst du verschiedene Massen bestimmen. Schreibe auf, welche das sind.

Vergleichskörper	Masse
1 g + 2 g	3 g

1 g 2 g 5 g 10 g

Das Volumen berechnen

4 **Berechne** das **Volumen** eines **Würfels** mit der Höhe 4 cm, der Breite 4 cm und der Länge 4 cm. **Setze** die Zentimeter in die Formel **ein**:

☐	x	☐	x	☐	=	☐
Höhe	x	Breite	x	Länge	=	Volumen

Aggregatzustände im Teilchenmodell

1 Die **Teilchen** eines Stoffes halten fest **zusammen.** **Nenne** das **Fachwort.**

Die Teilchen sind aufgrund der ______________________ dicht beieinander.

Teilchenmodell von Wasser und Würfelzucker

2 a) **Zuckerteile** im Zuckerwürfel sind **anders angeordnet** als die **Wasserteilchen.** Beschreibe den **Unterschied.**

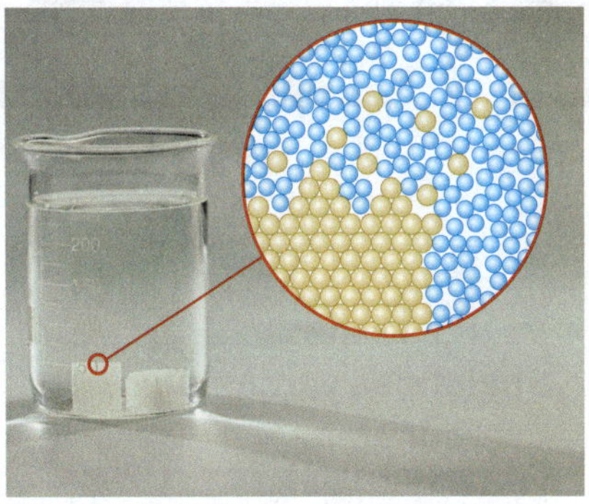

____

____

____

____

____

b) Ein **Zuckerwürfel löst sich** in Wasser auf. **Nummeriere** die Bilder nach der Reihenfolge.

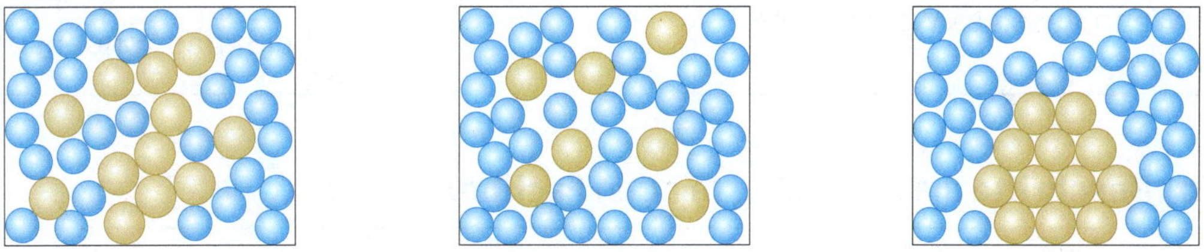

☐ ☐ ☐

3 **Zeichne** das **Teilchenmodell** eines Gemisches aus **Sand** und **Wasser.**

Wasser ist fest, flüssig oder gasförmig

1 **Ordne** die Bilder den Aggregatzuständen des Wassers **zu**.

fest   flüssig   gasförmig

Wasser kann seinen Zustand ändern

2 a) **Verbinde** die Sätze richtig **miteinander.**

Wenn festes Wasser flüssig wird,	heißt das verdampfen/ verdunsten.
Wenn flüssiges Wasser gasförmig wird,	heißt das erstarren.
Wenn Wasserdampf zu flüssigem Wasser wird,	heißt das schmelzen.
Wenn flüssiges Wasser fest wird,	heißt das kondensieren.

b) **Beschrifte** die Abbildung mit den **Fachbegriffen:**

erstarren • schmelzen • kondensieren • verdampfen, verdunsten • fest • gasförmig • flüssig

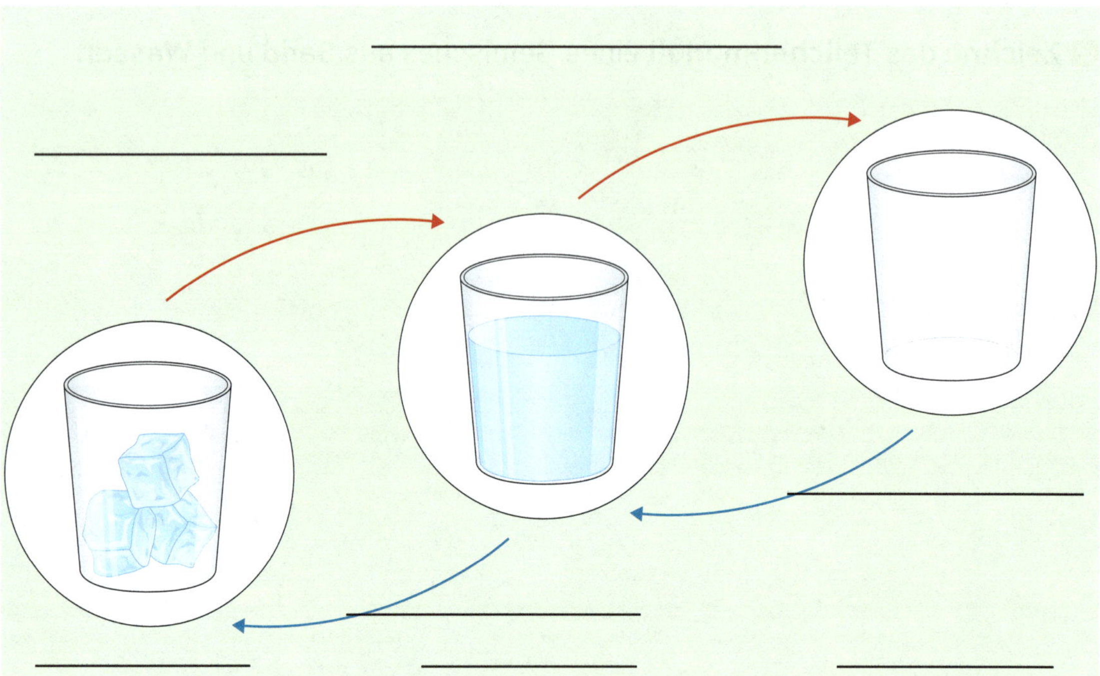

Aus Zucker wird Karamell

1 **a) Betrachte** die Abbildung. **Beende** die **Sätze**.

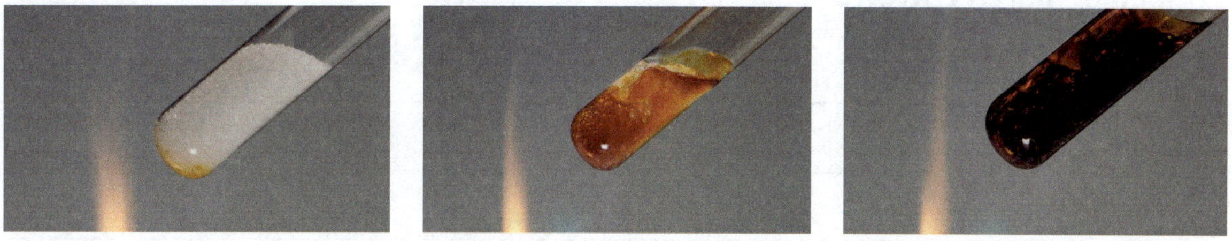

Wenn Zucker erhitzt wird, findet eine ______________________________.

Aus Zucker wird ______________________________.

Wenn Karamell weiter erhitzt wird,

wird daraus ein ______________________________.

b) Bei der Stoffumwandlung von Zucker zu Karamell haben sich die Stoffeigenschaften des Zuckers verändert. **Kreuze an**, was sich verändert hat.

☐ Geruch

☐ Haltbarkeit

☐ Farbe

☐ Geschmack

Chemisch Reaktion

2 Bei der Verbrennung von Grillkohle findet eine chemische Reaktion statt. **Kreuze** die Kennzeichen der chemischen Reaktion **an**.

☐ Zwei oder mehr Stoffe reagieren miteinander.

☐ Bei einer chemischen Reaktion wird immer etwas verbrannt.

☐ Es entsteht ein neues Produkt.

3 **Verbinde** die Ausgangstoffe und die Reaktionsprodukte richtig **miteinander**.

Ausgangsstoffe	Sauerstoff
	Asch
Reaktionsprodukte	Kohlenstoffdioxid
	Grillkohle (Kohlenstoff)

»

Säuren und Laugen

1 a) **Kreuze an**, welche Eigenschaften auf die Laugen und welche **Eigenschaften** auf die Säuren **zutreffen**.

Eigenschaft	Laugen	Säuren
sauer		
leicht seifig		
ätzend		
können die Haut zersetzen		
können lebensgefährlich und giftig sein		
lösen Kalkablagerungen		
lösen fettige Verschmutzungen		

b) Nenne ein Beispiel für eine Lauge und für eine Säure aus deinem Alltag.

Lauge: ______________________ Säure: ______________________

pH-Wert-Skala

2 **Gib** mithilfe der Abbildung den **pH-Wert** der Stoffe **an**. **Ordne** den Stoffen die Begriffe stark sauer, mäßig sauer, schwach sauer, neutral, schwach alkalisch, mäßig alkalisch und stark alkalisch **zu.**

Stoff	pH-Wert	sauer oder alkalisch?
Kaffee		
Wasser		
Bleiche		
Zitrone		
Blut		
Tomate		
Ammoniaklösung		

Indikatoren

3 Säuren und Laugen können gefährlich sein. Wie kannst du Säuren und Laugen **gefahrlos** erkennen? **Kreuze an**.

☐ Mit der Geschmacksprobe.

☐ Mit dem Universalindikator.

☐ Mit der Geruchsprobe.

Reinstoffe und Gemische

1 **Beschreibe** den **Unterschied** zwischen Reinstoffen und Gemischen.
Die Satzanfänge helfen dir:

Reinstoffe bestehen aus nur ________________________________.

Die Eigenschaften sind ________________________________.

Gemische bestehen aus ________________________________.

Die Eigenschaften ________________________________.

2 **Entscheide**, ob Reinstoff oder Gemisch. **Schreibe** die Wörter in die **richtige Spalte**.

naturtrüber Apfelsaft	Gold	Eisen	Aluminium	Zucker

Salatsoße	Müsli	Limonade	Rauch

Reinstoff	Gemisch

3 **Verbinde** die **Gemische** mit ihren **Stoffbestandteilen**.

Gemisch
Rauch
Zahnpasta
Schaum

Stoffbestandteile
feste und flüssige Stoffe
flüssige und gasförmige Stoffe
gasförmige und feste Stoffe

»

Gemische trennen

1 Um Gartenerde und Wasser voneinander zu trennen, musst du das **Wasser filtrieren. Beschreibe** den **Vorgang** anhand des Bildes.

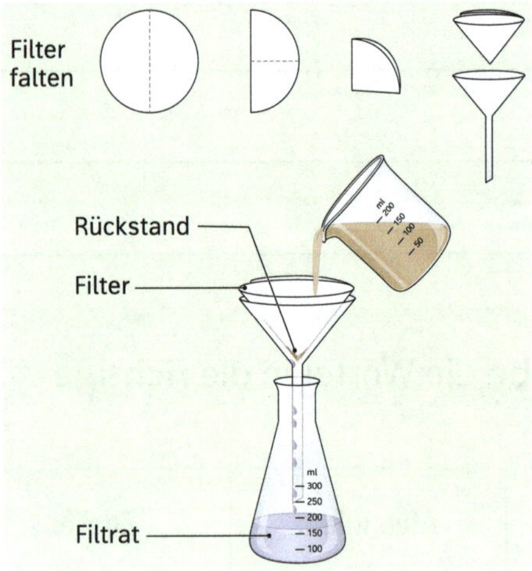

2 Möchtest du aus Meerwasser **Salz gewinnen,** musst du das **Wasser eindampfen.** Betrachte die Abbildung. Bringe die Abfolge in die **richtige Reihenfolge.**

Nr.	Abfolge des Eindampfens
	Meerwasser erhitzen.
	Das Salz bleibt am Ende übrig
	Meerwasser in eine Schale geben.
	Das Wasser verdampft.

3 Möchtest du **Trinkwasser** aus Meerwasser **gewinnen,** musst du das **Wasser destillieren. Setze** folgende **Wörter** in die Lücken **ein.**

kondensiert • Dampf • destilliert • erhitzt

Das Meerwasser muss ____________________ werden. Dafür wird das Meerwasser ____________________. Der ____________________ muss aufgefangen werden. Der Dampf ____________________ in einem zweiten Behälter und wird wieder flüssig.

Müll trennen und verwerten

1 **Müll** muss **getrennt** werden, damit er **recycelt** werden kann.
Trenne den Müll richtig. **Verbinde** den **Müll** mit dem passenden **Mülleimer.**

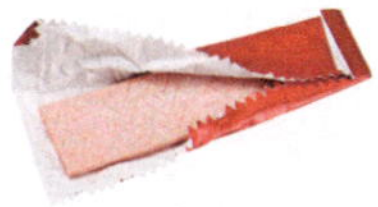

2 **a)** Überlege dir, **wieviel** und **welchen Müll** du an einem Tag hast. **Schreibe** es **auf.**
Tipp: Welche Verpackungen benutzt du am Tag? Achte darauf, was du wegwirfst.

____

____

____

b) **Was** könntest du **verändern,** um weniger Müll zu haben? **Schreibe** es **auf.**

____

____

____

3 Was wirfst du in den **Restmüll?** Schreibe mindestens drei **Beispiele** auf.

____

____

Die Strahlung der Sonne

1 **Kreuze an**, welche Anteile der **Sonnenstrahlung** du als **Wärme** wahrnimmst.

☐ die ultraviolette Strahlung (UV)

☐ die infrarote Strahlung (IR)

Wärmequellen

2 **a)** Nenne drei Wärmequellen, die Wärme liefern können. Die Bilder helfen dir.

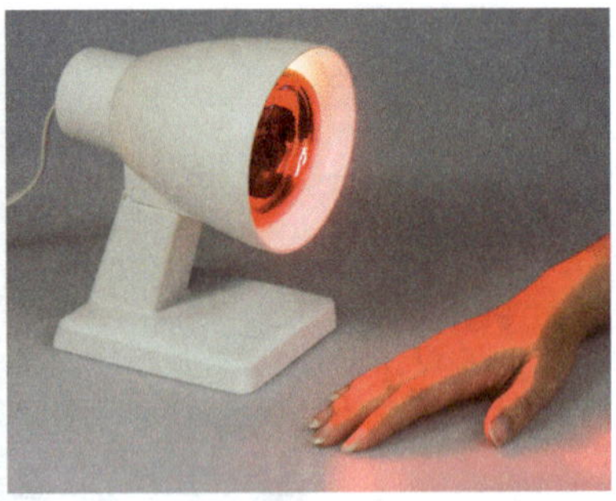

______________________ ______________________ ______________________

______________________ ______________________ ______________________

b) Kreuze die dazugehörigen Fachbegriffe an.

☐ Wärmestrahlung

☐ Heizung

☐ Verbrennung

☐ Reibung

☐ Licht

Das Spektrum des Lichts

3 **Bennene** die **Farben**, die im **Spektrum** des Lichts vorkommen.
Benennen dabei auch die **infrarote** und **ultraviolette Strahlung**.
Beginne von der linken Seite!

____

____

____

Die Temperatur messen

1 Genaue Temperaturen können sehr wichtig sein. Es reicht nicht aus, die Temperatur zu fühlen.
Beschreibe, wann es wichtig ist, die genaue Temperatur zu wissen und warum **Fühlen** mit der Hand **nicht ausreicht**.

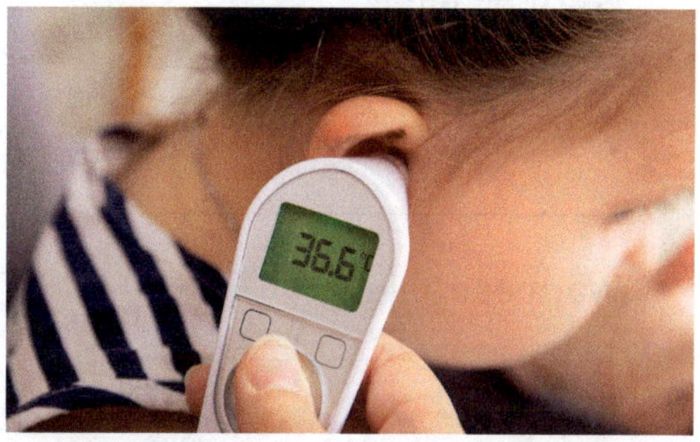

Celsius-Skala

2 An der Seite siehst du die Wetterangabe für Köln. Beantworte die Fragen.

In Welcher Einheit wird die Temperatur angegeben?

Wie warm ist es in Köln?

3 Eine Celsius-Skala hat zwei Fixpunkte:

① Die Siedetemperatur von Wasser.

② Die Schmelztemperatur von Wasser.

Trage die beiden **Fixpunkte** in die Clesius-Skala **ein** und **beschrifte** sie.

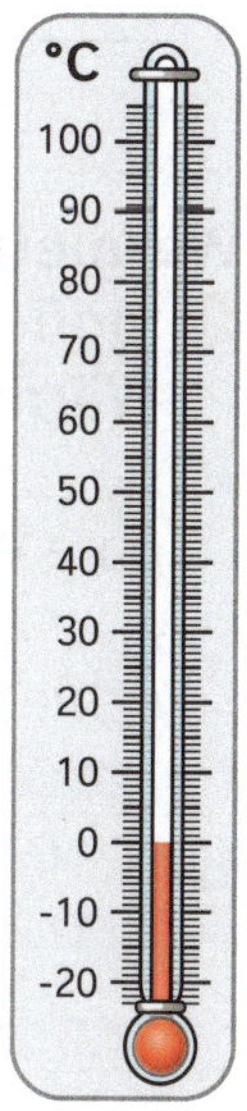

Wärme wird übertragen

1 **Verbinde** die Form der **Wärmeübertragung** mit den passenden **Beispielen**.

Wärmeübertragung
Wärmeleitung
Wärmeströmung
Wärmestrahlung

Beispiele
Heizung
Solaranlage
Gewächshaus
Kochtöpfe
Metallöfel im Tee
Kühlung beim Kühlschrank

2 Die **Sonne** überträgt Wärme auf unsere **Haut**. **Kreuze** die richtigen Aussagen **an**.

- ☐ Die Wärme wird über Wärmestrahlung übertragen.
- ☐ Die Wärme der Sonne wird ohne einen Stoff übertragen.
- ☐ Die Wärme wird über Wärmeströmung übertragen.
- ☐ Die Wärme der Sonne heißt infrarote Strahlung.
- ☐ Die Wärme der Sonne heißt Hitze.

Wärme wird gespeichert

3 Stoffe können die Wärme speichern. **Erkläre**, warum eine **Wärmflasche** mit **Wasser** befüllt wird. Benutze hierfür das Fachwort **Wärmespeicher**.

____

____

____

____

Wärmeleiter

4 Stoffe leiten die Wärme weiter. **Nenne** zwei **gute** und zwei **schlechte** **Wärmeleiter**.

gute Wärmeleiter: ______________________________

schlechte Wärmeleiter: ______________________________

Ein Kaminfeuer ist gemütlich

1 Brennstoffe sind **Energieträger.** Wenn sie verbrennen, entsteht **Licht** und **Wärme.**
Kreise alle Energieträger **ein**.

Holz

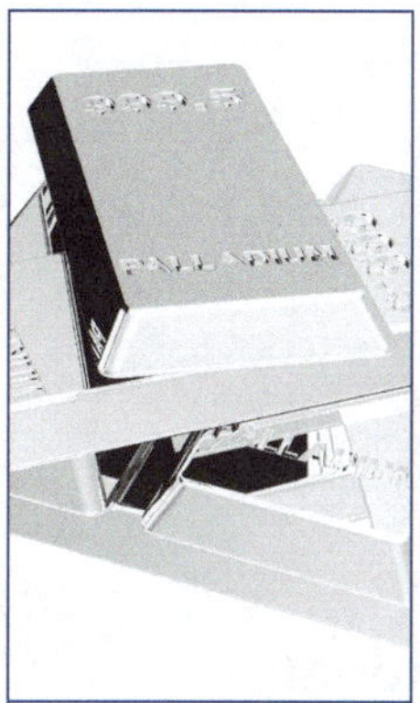
Metall

Öl

Kunststoff

Gas

Heizen mit einer Zentralheizung

2 Holzöfen und Zentralheizungen beheizen das Haus. Sie haben **Unterschiede** und **Gemeinsamkeiten. Kreuze** an, welche **Aussagen zutreffen.**

	Holzofen	Zentralheizungen
öfter reinigen		
Energieträger werden verbrannt		
wenig Wärme geht verloren		
viel Wärme geht verloren		
nicht in jedem Zimmer verfügbar		
in jedem Zimmer verfügbar		
Energieträger müssen nachgelegt werden		
gibt Wärme ab		
Wasser zum Waschen kann erwärmt werden		
Wasser kann nicht erwärmt werden		

Im Winter eine "warme Jacke" anziehen

3 **Erkläre,** den **Satz** „Eine warme Jacke wärmt nicht, sie isoliert."

____

____

____

____

____

»

Wärmeausdehnung im Modell

1 **a)** Feststoffe dehnen sich aus, wenn sie erwärmt werden.
Zeichne das Ergebnis der **Ausdehnung** als **Teilchenmodell**.

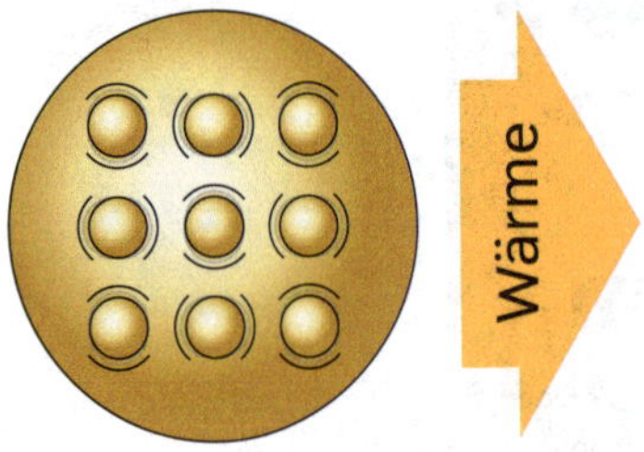

b) Beschreibe die **Ausdehnung** im **Teilchenmodell**.
Nutze die Formulierungshilfen aus dem Wortschatzspeicher.

Wortschatzspeicher:
- Teilchen schwingen
- Feststoff wird erwärmt
- Teilchen schwingen stärker
- Teilchen brauchen mehr Platz
- Ausdehnung

____
____
____
____
____
____

Feststoffe dehnen sich aus.

2 Für **Heizungsrohre** nimmt man **Kupfer** und kein Blei. **Erklräre**, warum man das macht. Nutze dafür die Abbildung als Hilfe.

____
____
____
____
____
____

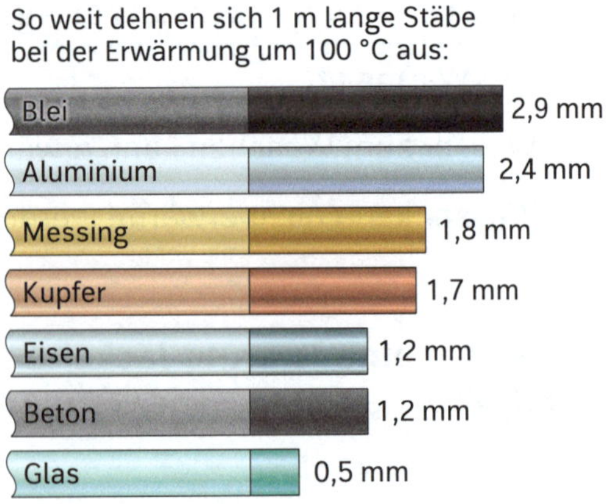

Gase dehnen sich aus.

3 **Kreuze an**, was mit dem **Luftballon** beim **Abkühlen** am Abend passiert.

☐ Die Luft kühlt sich ab und zieht sich zusammen. Der Luftballon wird schlaff.

☐ Die Luft kühlt sich ab und dehnt sich aus. Der Luftballon ist prall gefüllt.

1 Das **Teilchenmodell** zeigt uns den **Aggregatzustand** des Stoffes.
Verbinde das Teilchenmodell mit dem dazugehörigen Aggregatzustand.

Aggregatzustand fest

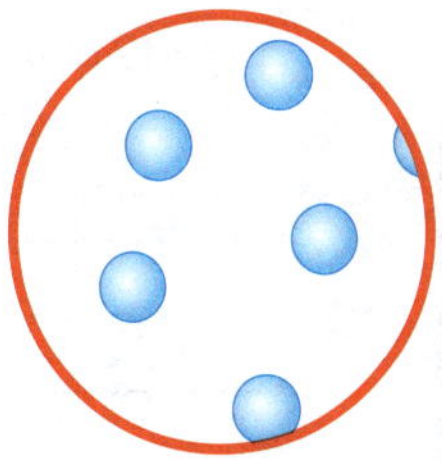

Aggregatzustand flüssig

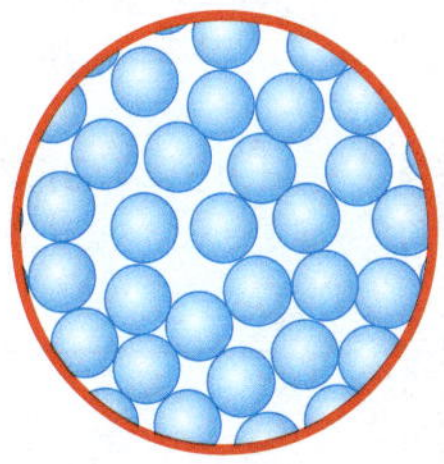

Aggregatzustand gasförmig

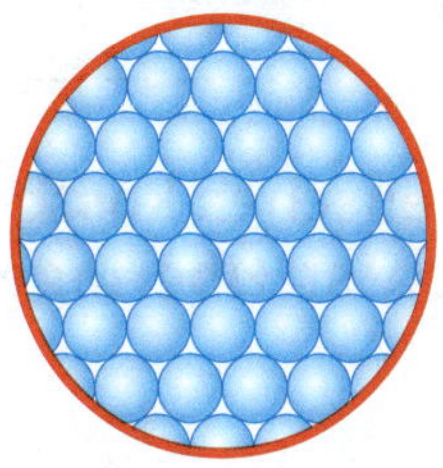

Die Anomalie des Wassers

2 **Streiche** die falschen Aussagen **durch**.

Im Teilchenmodell sind die Stoffe im festen Aggregatzustand **sehr nah beieinander / sehr weit vonreinander** entfernt.

Bei Wasser ist das **genauso / anders**. Die Wasserteilchen bilden ein Gitter mit Hohlräumen. Dadurch liegen die Wasserteilchen im festen Aggregatzustand **weiter vonreinander entfernt / nach beieinander**. Gefrorenes Eis nimmt dadurch **mehr / weniger** Platz ein als flüssiges Wasser.

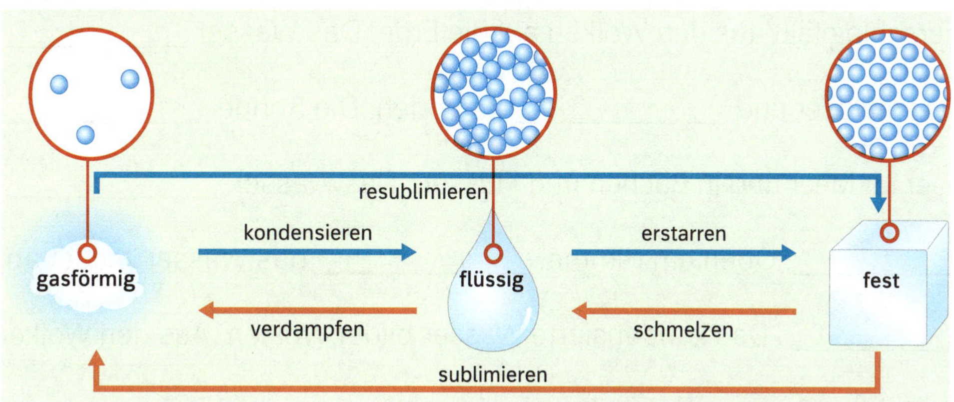

Leben im Wasser

1 **Beschreibe,** wie der **Mensch** Wasser aufnimmt und worüber die **Pflanze** Wasser aufnimmt.

Der Mensch ______________________________

____

____

____

Die Pflanze ______________________________

____

____

____

2 „**Süßwasser** ist für den Menschen **kostbar**."
Beschreibe, warum das so ist. **Überlege,** wieviel Süßwasser es auf der Welt gibt.

____

____

Der Wasserkreislauf

3 **Betrachte** das **Schaubild. Beende** die **Sätze** mit Hilfe des Schaubildes.

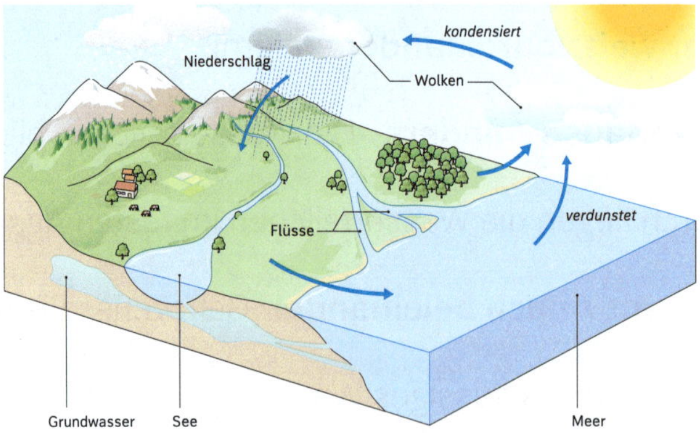

Niederschlag fällt aus den Wolken auf die Erde. Das Wasser ____________ über Flüsse ins Meer und ____________ im Boden. Die Sonne ____________ das Wasser im Meer und in Bächen und Flüssen. Das Wasser ____________ und ____________. Oben am Himmel ____________ das Wasser wieder ab und ____________. Das kondensierte Wasser bildet Wolken. Aus den Wolken fällt Niederschlag. Das nennt man Kreislauf des Wassers.

Die Wetterstation

1 **Verbinde** alle **Wetterelemente** und ihre passenden **Messgeräte**.

Wetterelement
Temperatur
Luftdruck
Niederschlag
Luftfeuchtigkeit

Beispiele
Behälter
Thermometer
Hygrometer
Barometer

2 **Kreuze an**, welches die **richtige Kleidung** für die **Wetterdaten** aus der Abbildung sind.

☐ Leichte Jacke, Hose und Pulli.

☐ Hose und Pulli ohne Jacke.

☐ Dicke Jacke, Hose und Pulli, Handschuhe und Schal.

☐ Leichte Jacke, Hose und Pulli.

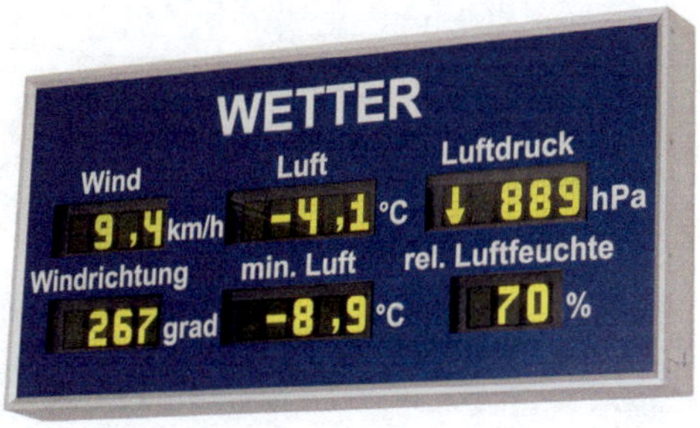

Der Wind

3 **Bringe** die **Aussagen** für die Entstehunug von Wind in die **richtige Reihenfolge**.

Nummer	Entstehung von Wind
	Am Boden sind dann weniger Luftteilchen vorhanden. Dort herrscht ein Tiefdruckgebiet. Über dem Tiefdruckgebiet ist ein Hochdruckgebiet.
	Die Luftteilchen strömen von der Seite zum Tiefdruckgebiet. Es entsteht Wind.
1	Die Sonne erwärmt die Luft am Boden. Dadurch steigen die warmen Luftteilchen auf.
	Ein Tiefdruckgebiet saugt neue Luftteilchen an.
	Auch oben in der Atmosphäre entsteht Wind. Die Luftteilchen wehen vom Hochdruckgebiet zum Tiefdruckgebiet.

»

Vom Urzeit-Meer in den Autotank

1 **Verbinde** die **Kästen** mit dem **richtigen Bild.** Zu jedem **Bild** gibt es **zwei Kästen.**

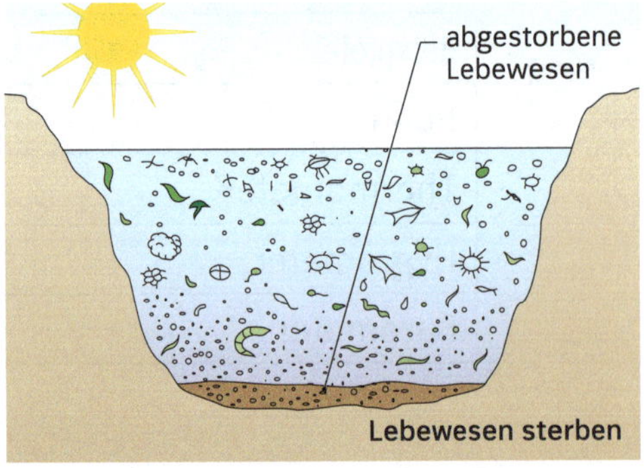

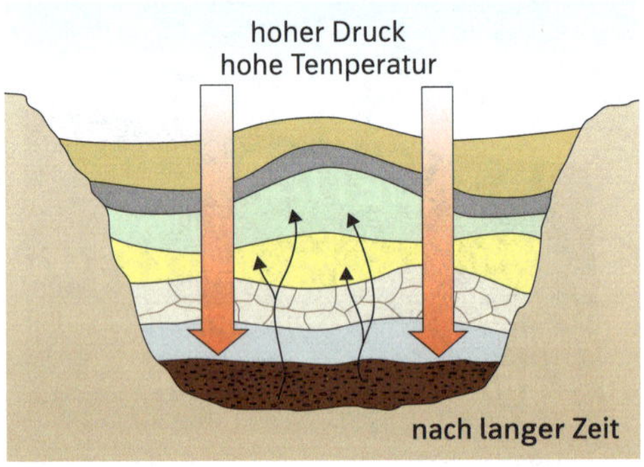

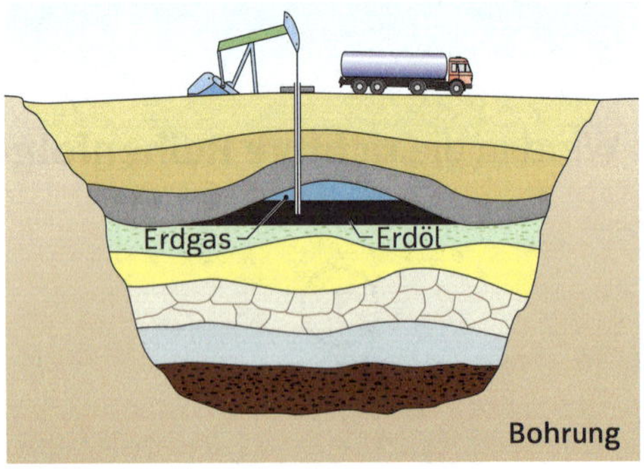

Sonne scheint auf das Meer. Pflanzen nehmen die Energie der Sonne auf.

Die Tierreste werden mit Erdschichten bedeckt.

Erdöl und Erdgas nennt man fossile Energieträger.

Tiere im Meer fressen die Pflanzen. Sie sterben und sinken zu Boden. In den toten Tieren ist immer noch die Sonnenenergie.

Aus den Tierresten sind nach vielen Millionen Jahren Erdöl und Erdgas entstanden.

Es herrscht hoher Druck und eine hohe Temperatur.

Strom und Wärme direkt aus Sonnenlicht

2 Fossile Energieträger wird es bald nicht mehr geben. Sonnenenergie gibt es noch viele Milliarden Jahre.
Wie nutzen wir Sonnenenergie? **Schreibe** den **Fachbegriff** unter das **Bild.**

Lange Tage und kurze Tage

1 **Tageslänge** und **Sonnenzeiten** verändern sich im Jahr.
Verbinde die Satzanfänge mit dem richtigen Ende.

Im Sommer sind die Tage — kürzer. / länger.

Im Sommer steht die Sonne — höher. / tiefer.

Im Winter sind die Tage — kürzer. / länger.

Im Winter steht die Sonne — höher. / tiefer.

Die Erde im Weltraum

2 **Schreibe** die Sätze zu Ende und **fülle** die Lücken **aus.**

Die Erde kreist ______________________.

Dafür braucht die Erde ______________________ Tage.

Die Sonne bescheint die Erde nicht immer ______________________.

So entstehen die ______________________.

Die Erde dreht sich ______________________.

Dafür braucht die Erde ______________________ Stunden.

So entstehen ______________________.

Am Tag wendet sich die Erde der Sonne ______________________.

In der Nacht wendet sich die Erde der Sonne ______________________.

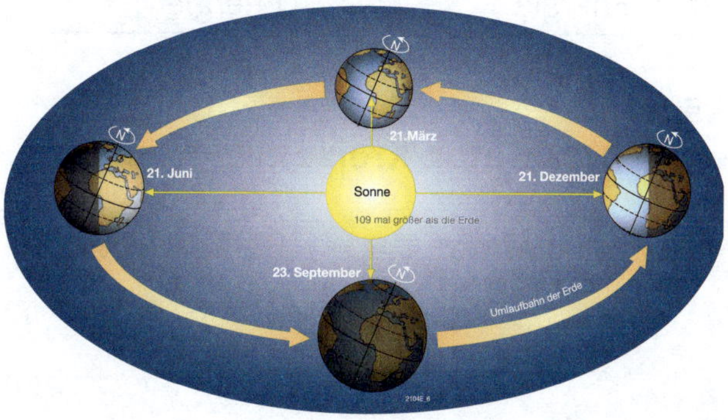

»

Die ersten Blüten im Frühling

1 Das Schneeglöckchen blüht sehr früh im Jahr. **Kreuze** die Gründe **an**.

- ☐ Die Zwiebel bekommt viel Sonne, weil die Bäume noch keine Blätter haben.
- ☐ Im Frühling ist es schon sehr warm.
- ☐ Das Schneeglöckchen speichert Energie in der Zwiebel.
- ☐ Das Schneeglöckchen nimmt die Energie aus dem Boden.

Ein Kreislauf

2 **Beschreibe** den **Kreislauf** der Frühblüher. **Kreuze** die richtige Antwort **an**.

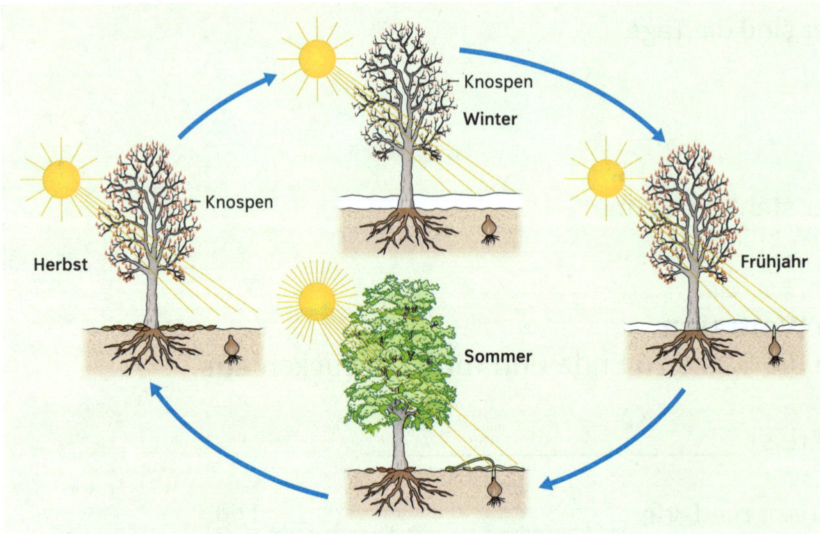

Frühblüher im Frühjahr	Frühblüher im Sommer	Frühblüher im Herbst	Frühblüher im Winter
☐ sind in voller Blüte	☐ sind in voller Blüte	☐ sind in voller Blüte	☐ sind in voller Blüte
☐ kommen aus dem Boden	☐ kommen aus dem Boden	☐ kommen aus dem Boden	☐ kommen aus dem Boden
☐ bauen Nährstoffe auf	☐ bauen Nährstoffe auf	☐ bauen Nährstoffe auf	☐ bauen Nährstoffe auf
☐ sterben ab	☐ sterben ab	☐ sterben ab	☐ sterben ab
☐ Zwiebeln speichern die Energie	☐ Zwiebeln speichern die Energie	☐ Zwiebeln speichern die Energie	☐ Zwiebeln speichern die Energie

Es wird dunkler und kälter

3 Im **Herbst verändert** sich die **Natur. Kreise** ein.

weniger Sonnenlicht   wärmer   Blätter fallen ab   kälter

neue Blüten bilden sich   Blätter verfärben sich

Säugetiere im Winter

1 **a)** Ordne die Tiere ihrer Überwinterungsstrategie zu.

winteraktiv | Winterruhe | Winterschlaf

b) Beschreibe, wie die Tiere überwintern.
Fülle dazu die Tabellen aus.

Fuchs				
Überwinterungs-form	Nahrung	Aktivität	Herz/Atmung	Körpertemperatur

Eichhörnchen				
Überwinterungs-form	Nahrung	Aktivität	Herz/Atmung	Körpertemperatur

Igel				
Überwinterungs-form	Nahrung	Aktivität	Herz/Atmung	Körpertemperatur

Vögel im Winter

1 **a)** Es gibt Standvögel und Zugvögel. **Ordne** die Bilder entsprechend **zu**.

Standvögel

Zugvögel

b) **Standvögel** sind an den Winter **angepasst**. **Kreuze** an, wie die Vögel das machen.

- ☐ plustern ihr Gefieder auf, um warm zu bleiben
- ☐ warten auf Futter vom Menschen
- ☐ bewegen sich wenig
- ☐ überwintern im Keller

Futtersuche

2 **Streiche** das falsche Wort **durch**.

Die Standvögel bleiben im Winter **hier / nicht hier.** Sie müssen sich ihr Futter suchen. Wenn es friert können die Vögel **schwer / leicht** Nahrung finden. Der Schnee bedeckt ihre Nahrung. Der Boden ist so gefroren, dass sie keine Würmer rauspicken können.

Zugvögel fressen **Insekten / Körner.** Bei uns gibt es im Winter **Insekten / keine Insekten.** Deswegen müssen die Zugvögel in ein anderes Land fliegen.

Gleichwarm und wechselwarm

1 Wechselwarme Tiere haben andere Merkmale als gleichwarme Tiere. **Schreibe auf**, was wechselwarmen Tieren fehlt. Die Bilder helfen dir dabei.

① ______________________________

② ______________________________

③ ______________________________

① 

② 

③ 

2 Bei wechselwarmen Tieren verändert sich bei Kälte die Beweglichkeit, die Atmung und der Herzschlag.
Streiche jeweils die falsche Aussage **durch**.

	Veränderung bei Kälte
Beweglichkeit	**bewegt sich mehr / bewegt sich weniger**
Atmung	**atmet schneller / atmet langsamer**
Herzschlag	**das Herz schlägt schneller / schlägt langsamer**

3 Betrachte die Abbildung. **Kreuze** die richtigen Aussagen **an**.

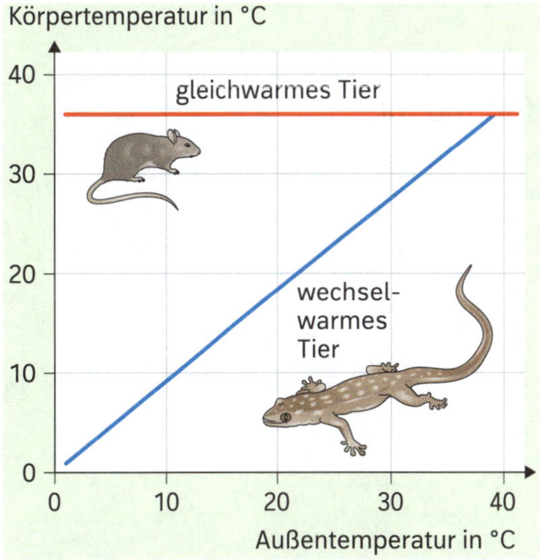

☐ Je kälter es ist, desto niedriger ist die Körpertemperatur der Eidechse.

☐ Je wärmer es ist, desto niedriger ist die Körpertemperatur der Eidechse.

☐ Die Körpertemperatur der Maus ist immer gleich.

☐ Die Körpertemperatur der Maus schwankt um 10 °C.

☐ Je wärmer es ist, desto höher ist die Körpertemperatur der Eidechse.

»

Magnete wirken anziehend

1 Werden die **Gegenstände** vom Magneten **angezogen**? Kreuze an.

Gegenstand		wird angezogen	wird nicht angezogen
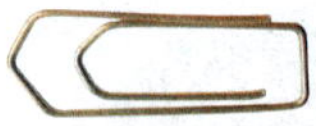	Büroklammer		
	Lineal		
	Goldring		
	Messer		
	Nagel		

2 Magnete **wirken** nur auf **bestimmte** Metalle. **Nenne** die **drei** Metalle.

3 **Beschreibe**, **wo** die Nägel vom Magneten **angezogen** werden.

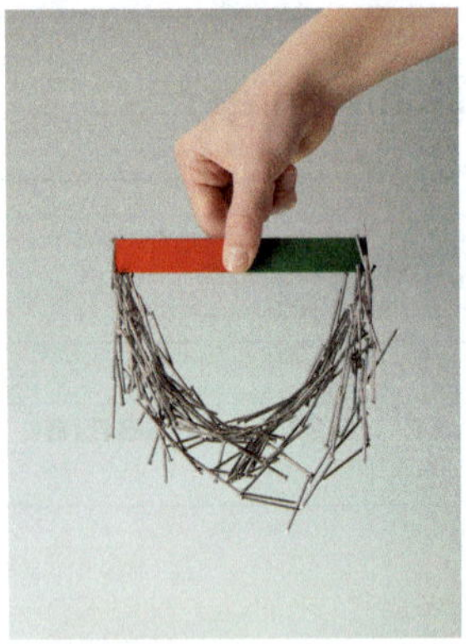

Magnete haben Pole

4 a) **Zeichne** die **Pole** mit **rot** und **grün** ein.
b) **Benenne** die Pole mit **N** für Nordpol und **S** für Südpol.

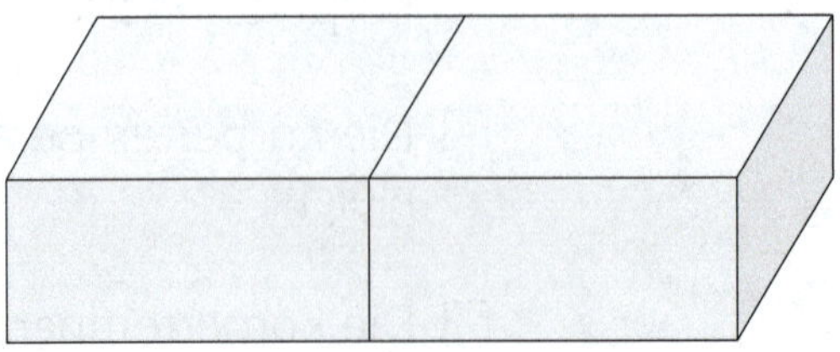

Ein Nagel wird magnetisch

1 Die Abbildung zeigt, wie du einen **Eisennagel magnetisieren** kannst. **Beschreibe,** was auf der Abbildung gemacht wird.

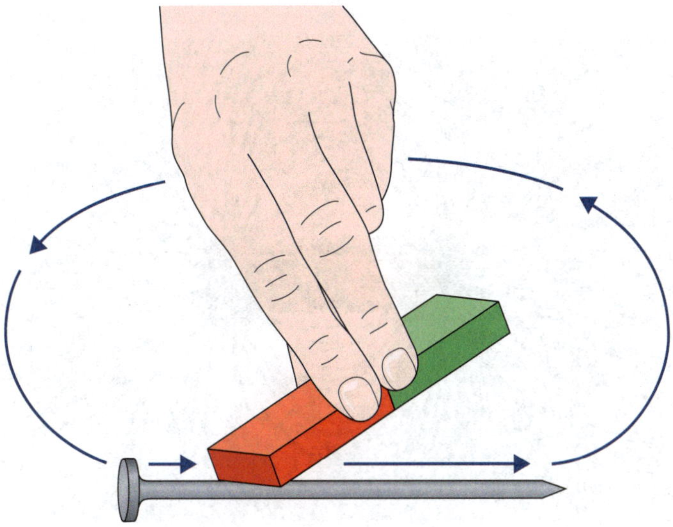

____

____

____

____

Modell der Elementarmagnete

2 **Verbinde** die **Beschreibung** mit den **Abbildungen**.

Die Elementarteile sind ungeordnet. Die Pole zeigen in die unterschiedliche Richtung.	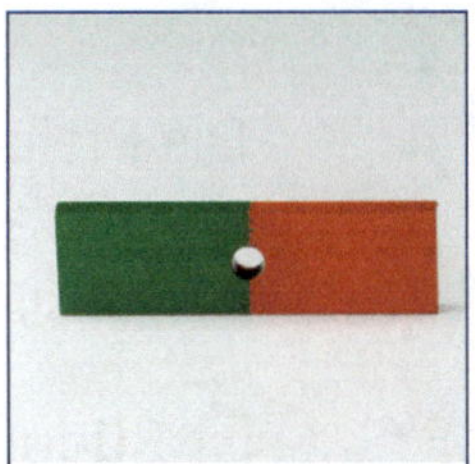 Magnet	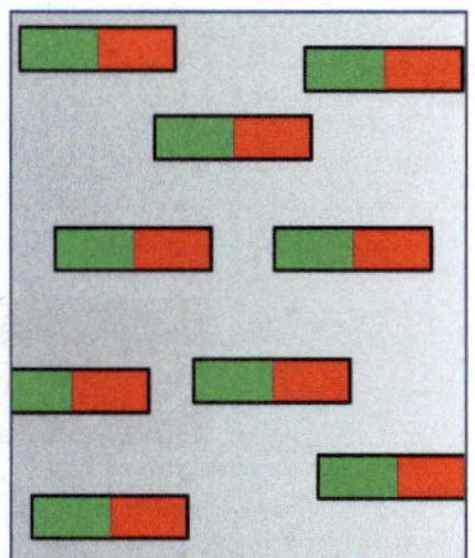
Die Elementarteile sind geordnet. Alle Pole zeigen in die gleiche Richtung.	 nicht magnetisierter Nagel	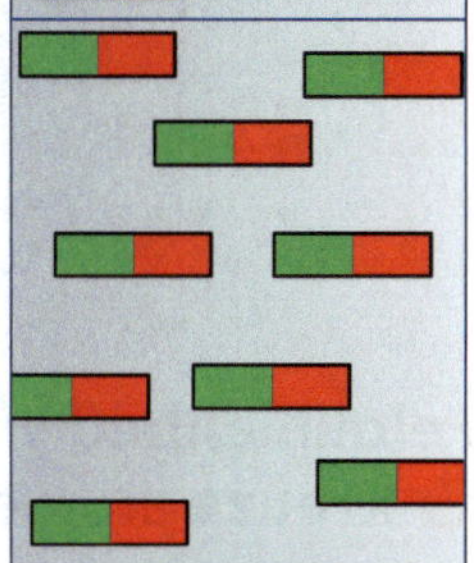
Die Elementarteile sind geordnet. Alle Pole zeigen in die gleiche Richtung.	 magnetisierter Nagel	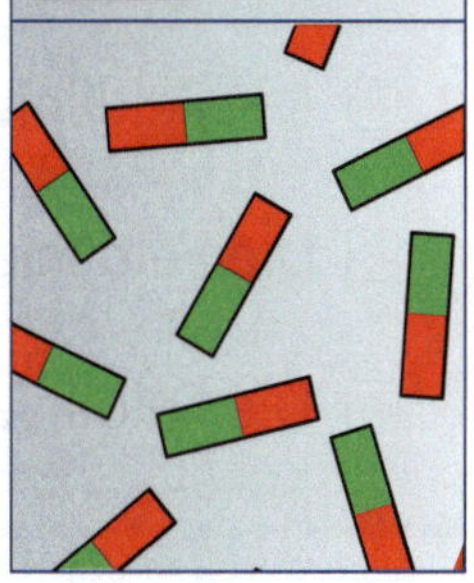

»

Magnetfeld veranschaulichen

1 **Magnetfelder** kann man **sichtbar machen.**
Beschreibe die Abbildung und **erkläre,** wie man das machen kann.

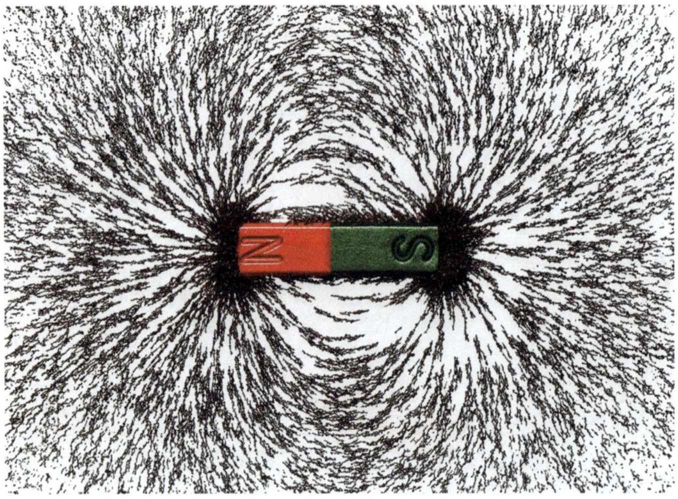

2 **Kreuze** an, in **welche Richtung** die Pfeilspitzen zeigen.

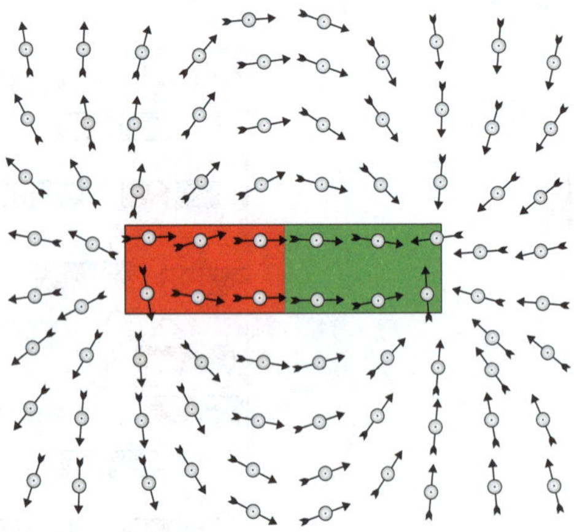

Die Pfeilspitze zeigt zum

- ☐ Nordpol
- ☐ Südpol

Feldlinienbild eines Magneten

3 **Kreuze** an, **welche Informationen** du einem Feldlinienbild entnehmen kannst.

- ☐ Die Feldlinien zeigen die Form des Magnetfeldes.
- ☐ Die Feldlinien zeigen das Gewicht des Magneten.
- ☐ Die Feldlinien zeigen auf, wo die Magnetkraft stark ist.

Der Kompass

1 **Beschrifte** die Abbildung mit folgenden **Wörtern:**

Kompassnadel • Kompassrose • Korn • Kimme

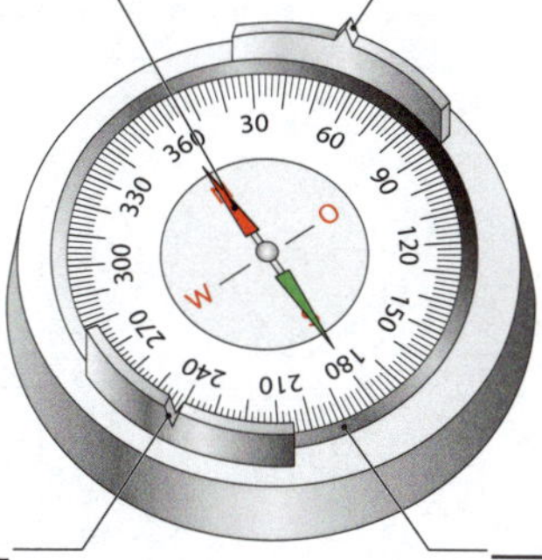

2 **Kreuze** an, **warum** das Gehäuse eines Kompasses **nicht aus Eisen** bestehen darf.

☐ Eisen ist zu teuer.

☐ Eisen beeinflusst die Magnetnadel des Kompasses.

☐ Eisen ist schwer zu bekommen.

Das Erdmagnetfeld

3 Der **magnetische** Nordpol und der magnetische Südpol der Erde sind genau **entgegensetzt** zum **geografischen** Nordpol und Südpol.

Male die Magnete mit den richtigen Farben für Nord- und Südpol an.
Trage in die Abbildung folgende **Begriffe ein:**

magnetischer Nordpol • geografischer Nordpol • magnetischer Südpol • geografischer Südpol • Rotationsachse

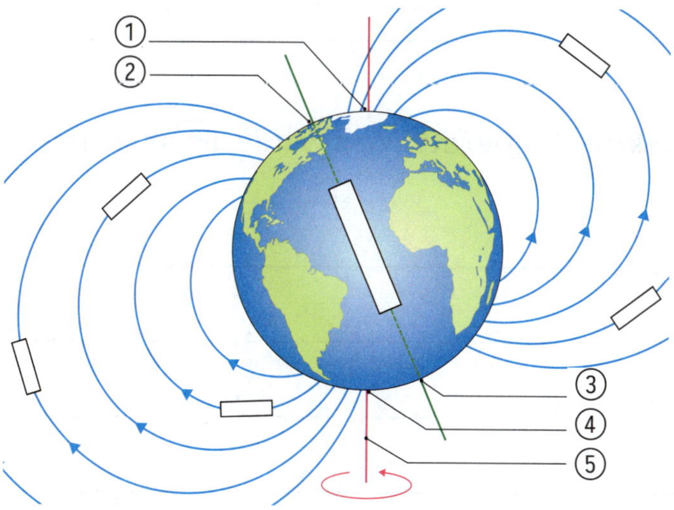

① ______________________

② ______________________

③ ______________________

④ ______________________

⑤ ______________________

Elektrische Geräte erleichtern die Arbeit

1 a) Trage **drei Wirkungen** des **elektrischen Stroms** in die Kästchen ein.
b) **Verbinde** die **Geräte** mit der **Wirkung** des elektrischen Stroms, die sie nutzen.

Föhn
Handy
Türklingel
Fernseher
Staubsauger
Bügeleisen

2 **Kreuze an,** welche **Wirkung** des elektrischen Stroms genutzt wird.

Gerät	Lichtwirkung	Wärmewirkung	magnetische Wirkung
Toaster			
Waschmaschine			
Lichterkette			
Wasserkocher			

3 **Beschreibe** einen **Morgen ohne elektrische Geräte.** Was würde dir am meisten **fehlen?**

____

____

____

____

____

Der elektrische Stromkreis

1 **Kreise** alle wesentlichen **Bestandteile** eines elektrischen Stromkreises **ein**.

Batterie   Schalter   Glühlampe

zwei elektrische Leitungen   Motor

Die Spannungsquelle

2 Setze die Wörter in die passenden Lücken ein.

elektrische Spannung • Bewegung • fließen • Spannungsquelle

Elektronen in den Kabeln leiten den Strom in einem Stromkreis. Dafür müssen die Elektronen in ____________________ kommen. Die Kabel werden an eine ____________________ angeschlossen. Jetzt werden die Elektronen von dem einen Anschluss der Spannungsquelle angesaugt und der andere Anschluss stößt sie ab. Es kommt zum „Druckunterschied“, den nennt man ________________________. Der Strom kann ____________________.

Der geschlossene Stromkreis

3 **Kreuze** an, in welchem Stromkreis der Strom **fließen** kann.

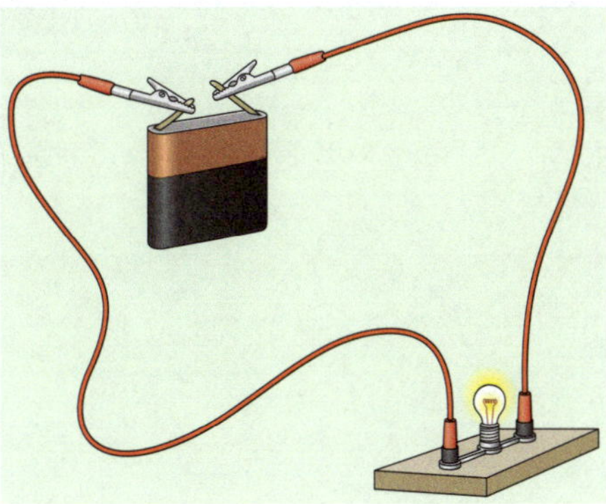

Strom fließt:

☐ ja   ☐ nein

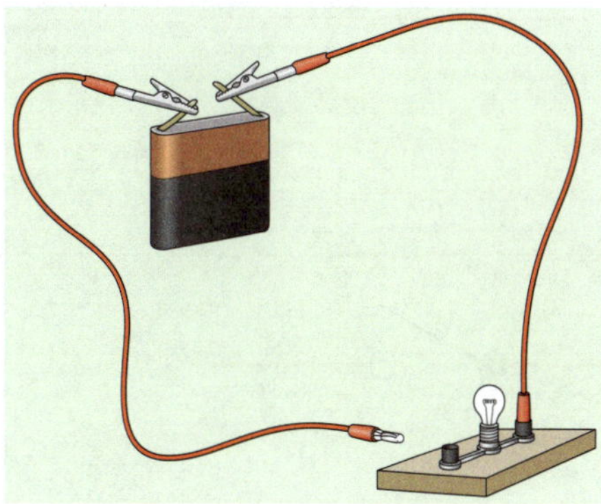

Strom fließt:

☐ ja   ☐ nein

Internationale Schaltzeichen

1 **Kreuze an,** warum es sinnvoll ist, dass Schaltzeichen unabhängig von einer Sprache sind.

	Die Verständigung ist ohne Sprache möglich.
	Die Menschen lernen zu langsam.
	Schaltpläne können über alle Länder ausgetauscht werden.

2 **Verbinde** die **Schaltzeichen** mit dem richtigen **Bauelement.**

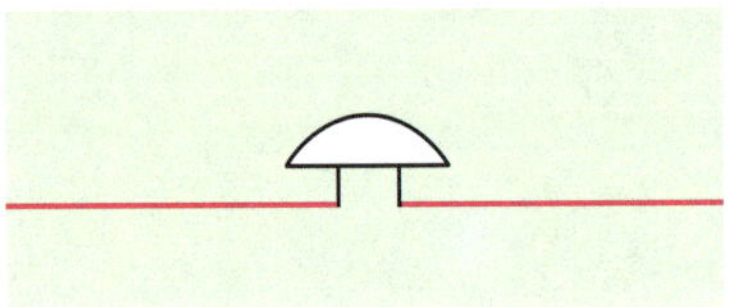

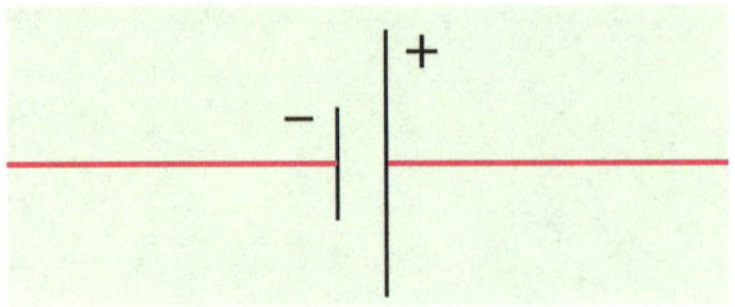

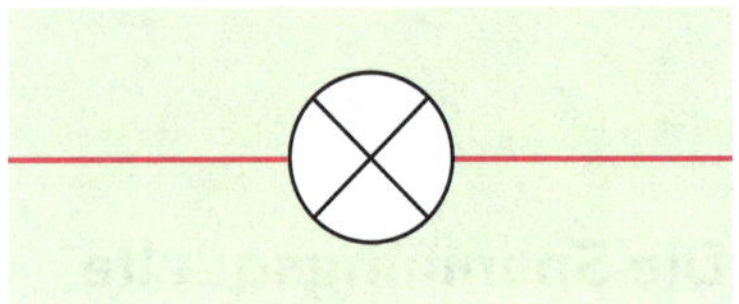

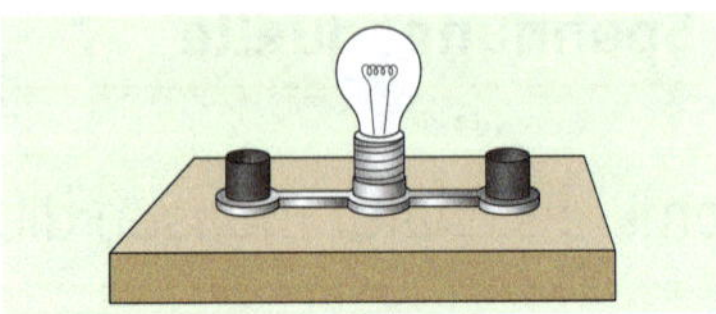

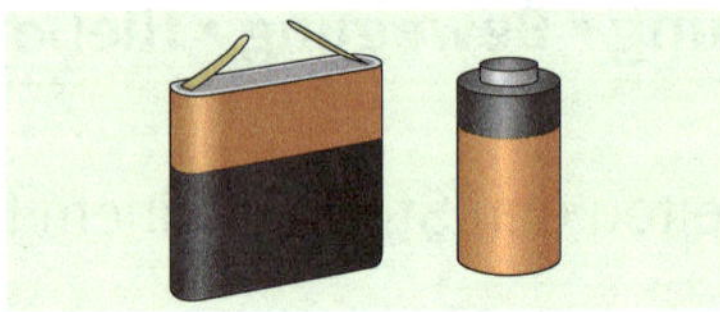

Das Zeichnen eines Schaltplans

3 **Zeichne** einen **Stromkreis** mit einem **Schalter** und einem **Motor.**
Tipp: Die Leitungen verbinden die anderen Schaltzeichen miteinander.
Nutze folgende Zeichen:

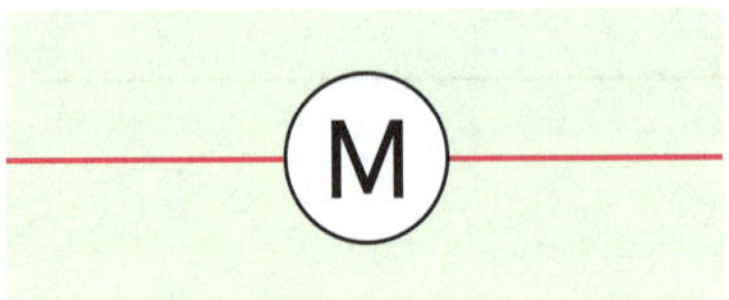

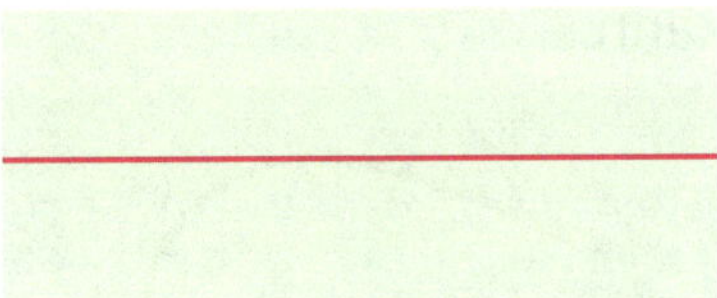

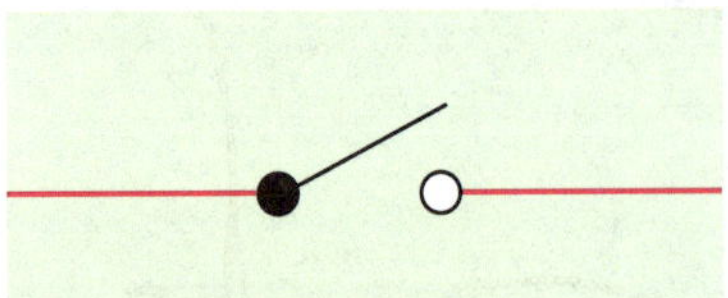

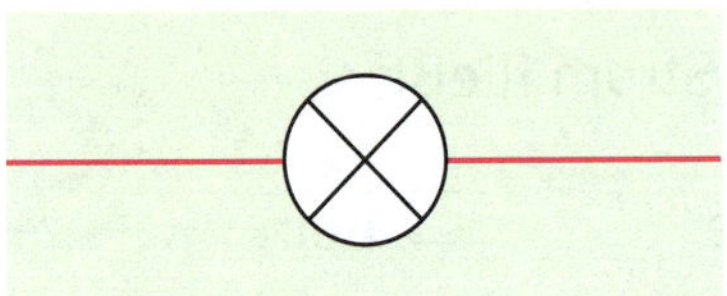

Reihen- und Parallelschaltung

1 **Kreuze an,** Reihen- oder Parallelschaltung.

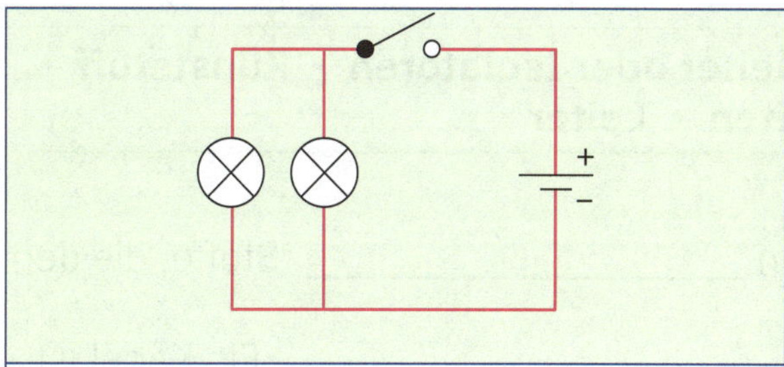	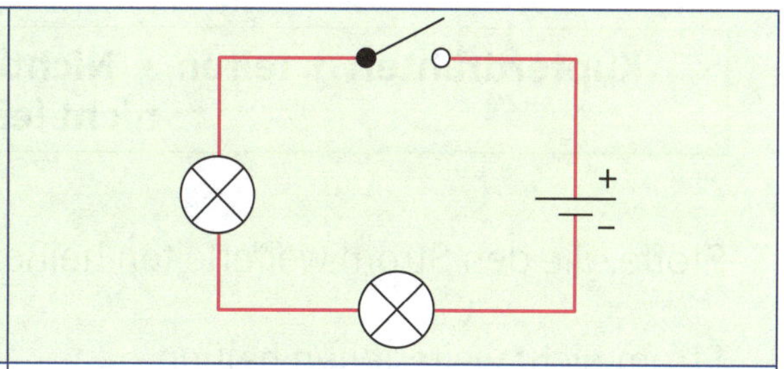
☐ Reihenschaltung ☐ Parallelschaltung	☐ Reihenschaltung ☐ Parallelschaltung
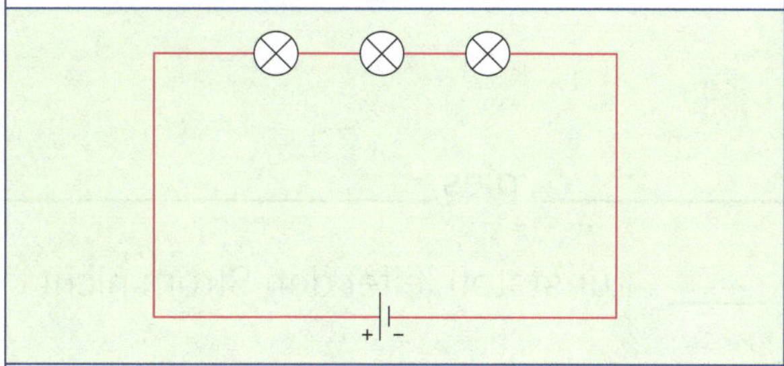	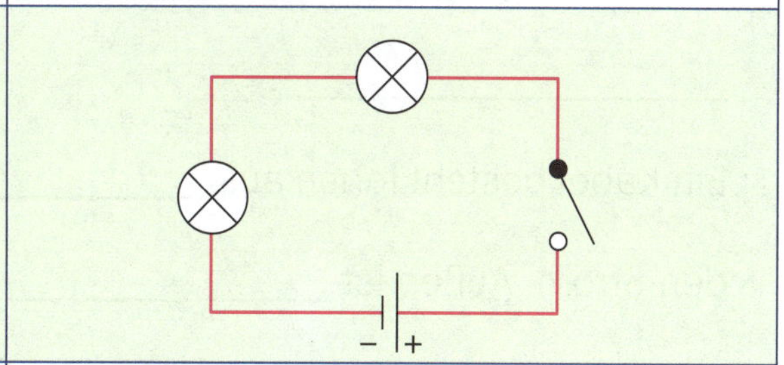
☐ Reihenschaltung ☐ Parallelschaltung	☐ Reihenschaltung ☐ Parallelschaltung

2 **Verbinde** die **Erklärung** mit der richtigen **Schaltung**.

Schaltung
Reihenschaltung
UND-Schaltung
Parallelschaltung
ODER-Schaltung

Erklärung
Jede Lampe hat einen eigenen Stromkreis. Fällt eine Lampe aus, brennen die anderen Lampen weiter.
Eine parallele Schaltung hat zwei Schalter. Wird ein Schalter geschlossen, geht das Licht an.
Alle Lampen sind hintereinander gebaut. Fällt eine aus, fallen alle aus.
Eine Reihenschaltung mit zwei Schaltern. Die Lampen können nur brennen, wenn beide Schalter geschlossen sind.

3 **Benenne** die **Schaltung** Reihenschaltung, Parallelschaltung, UND-Schaltung oder ODER-Schaltung.

______________	______________	______________	______________

»

Leiter und Nichtleiter

1 **Setze** die passenden **Wörter** in die Lücken **ein.**

Kupferdrähten • leiten • Nichtleiter oder Isolatoren • Kunststoff • nicht leiten • Leiter

Stoffe, die den Strom weiterleiten heißen ____________________. Stoffe, die den Strom nicht weiterleiten heißen ____________________________. Ein Kabel ist besonders aufgebaut. Es besteht aus Teilen die ____________________ und ____________________ .

Ein Kabel besteht innen aus ____________________, dies ____________________ den Strom. Außen ist ____________________ . Kunststoff leitet den Strom nicht weiter. Kunststoff isoliert. So bekommt man keinen Stromschlag.

2 Viele **Geräten** sind an bestimmten Stellen aus **Kunststoff.** Beende die Sätze. Folgende Wörter helfen dir:

Stromschlag • isoliert

Elektrische Geräte haben an bestimmten Stellen Kunststoff, damit

____ .

Der Kunststoff ____ .

3 Leiter oder Nichtleiter, **kreuze an.**

Gegenstand/ Stoff	Leiter	Nichtleiter
Öl		
Zahnbürste		
Holzlöffel		
Plastikbrotdose		
Goldring		
menschlicher Körper		
Aluminiumpfanne		
Buch		

Sicherheitsregeln

1 **Sicherheit** kann lebenswichtig sein. Auf einigen Bildern werden die Sicherheitsregeln **nicht eingehalten. Kreise** diese Bilder **ein.**

Drachensteigen

2 **Drachensteigen** in der Nähe von **Strommasten** ist **gefährlich.**
Erkläre die Aussage. Die Stichwörter helfen dir.

Schnur • verfangen • Stromleitung

____

Schnur • leitet • Strom

____

Strom • durchfließt • Körper

____

Elektrischer Strom im Körper

3 Unser Körper besteht zu einem großen Teil aus Wasser. Wasser leitet Strom.
Im **Körper fließen** schwache **elektrische Ströme.**
Erkläre das schwache **Leuchten** auf dem Bild.

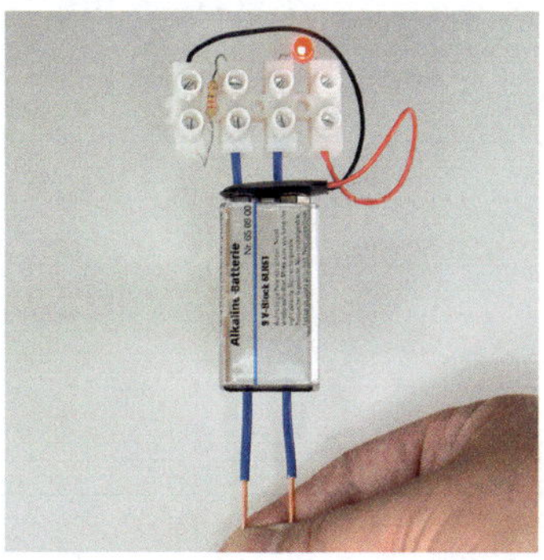

____

____

____

4 Starker **Strom** kann unseren Körper **schädigen. Zähle auf,** was passieren kann.

____

____

Elektrische Geräte benötigen Energie

1 **Kreuze** an, welche **elektrische Energie** die Geräte freisetzen.

Gerät	Lichtenergie	thermische Energie	Bewegungsenergie
ferngesteuertes Auto			
Wecker			
Laptop			

Woher stammt die elektrische Energie?

2 **Kreise** ein, welche Geräte **mit Lichtenergie** der Sonne **betrieben** werden können.

Energieflussdiagramm

3 Der Weg der Lichtenergie der Sonne zum Ventilator.
Nummeriere die Bilder in der **richtigen Reihenfolge**.

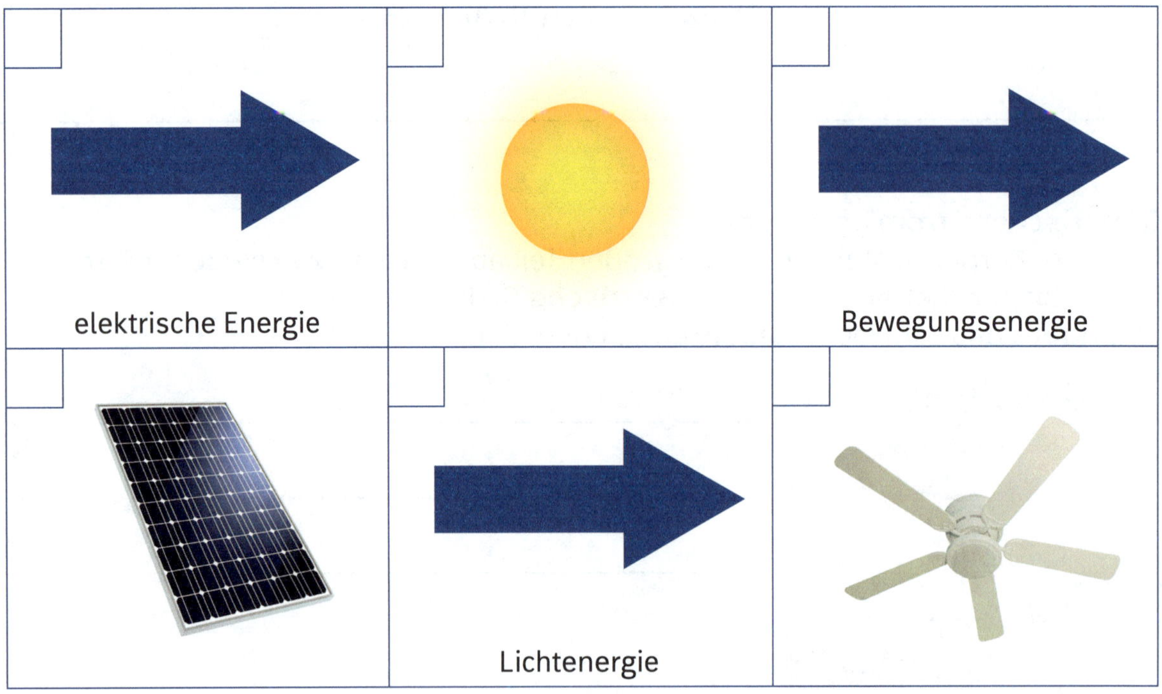

Der Elektromagnet

1 **Kreuze an**, woraus ein **Elektromagnet** besteht.

☐ aus einem Magneten ☐ aus einem Eisenkern

☐ aus einer Kupferspule ☐ aus einem Stromkabel

Wirkung verstärken

2 **a)** Die **Wirkung** eines **Elektromagneten** kann man **verstärken**.
Erkläre, mithilfe dem Wortschatzspeicher, wie das geht.

Wortschatzspeicher:
1. Spule um einen Eisennagel
2. Eisennagel wird magnetisch
3. Magnetfeld verstärkt sich

b) Beschrifte den **Örsted-Versuch** mit den Fachbegriffen

Kabel • Kompassnadel • Netzgerät • Isolierstab • Kabel • Kabel

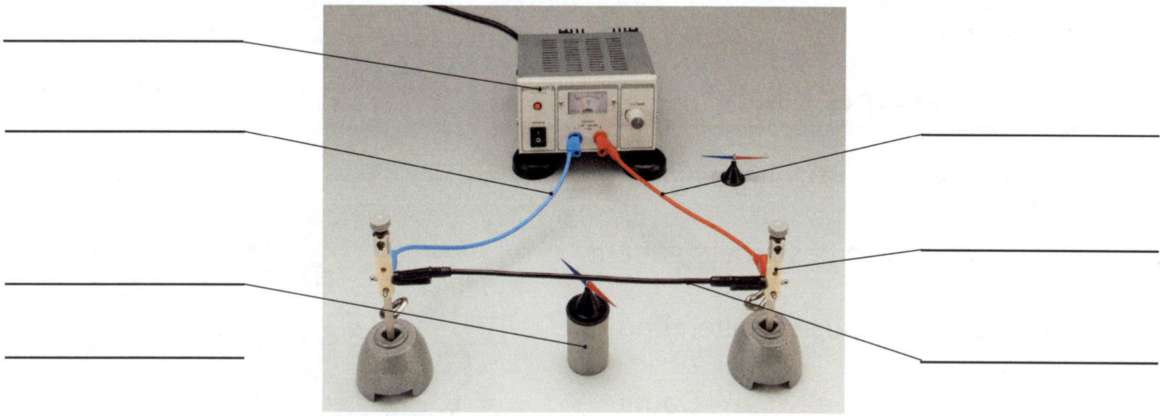

3 **Dauermagneten** und **Elektromagnten** haben Gemeinsamkeiten und Unterschiede. **Kreuze an**, welche Eigenschaften zutreffen.

Eigenschaften	Dauermagnet	Elektromagnet
kann abgeschaltet werden		
ist immer magnetisch, kann nicht abgeschaltet werden		
hat einen Nordpol und Südpol		
Nordpol und Südpol können wechseln		
kann verstärkt werden		

»

Das Skelett stützt und schützt

1 a) **Trage** die **Knochen** für jeden Bereich des Skeletts **ein**. In der Abbildung hat jeder Bereich eine **Farbe**.

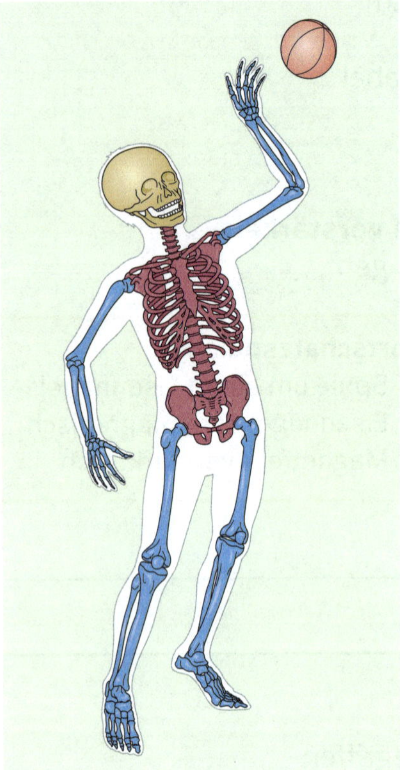

Skelettbereich	Knochen
Rumpfskelett	
Gliedmaßenskelett	
Schädel	

Knochen sind sehr stabil

2 a) **Setze** die **Begriffe** aus dem Kasten **ein**.

Knorpel • Kalk

Knochen sind gleichzeitig biegsam und fest. Sie sind besonders gebaut. Damit sie fest sind, enthalten Knochen ____________. Damit sie biegsam sind, enthalten Knochen ____________.

b) **Beschrifte** die Abbildung.

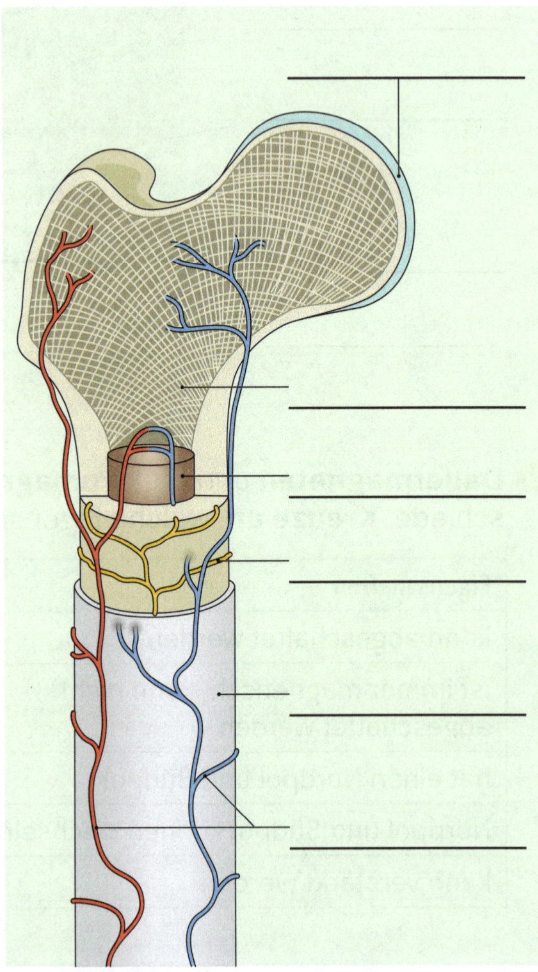

Bestandteile der Wirbelsäule

1 Die wichtigsten Bestandteile der Wirbelsäule sind die **Wirbel**, die **Bandscheiben** und das **Rückenmark**.

a) Beschrifte die Abbildung mit den drei wichtigsten Bestandteilen der Wirbelsäule.

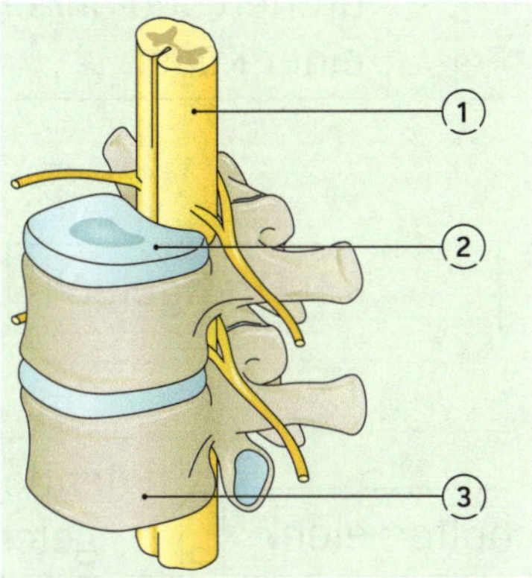

① ______________________

② ______________________

③ ______________________

b) Schreibe zu jedem Bestandteil der Wirbelsäule einen **Satz** zur **Funktion**. Die Stichwörter helfen dir.

Wirbel • stabil • umschließt • Wirbelkanal

____

____

Rückenmark • wichtiger Nervenstrang • verbindet Gehirn mit Körper • steuert Bewegung

____

____

Bandscheiben • elastische Knorpel • ermöglichen Bewegung

____

____

Belastungen der Wirbelsäule

2 Die Bandscheiben können bei falscher Belastung verrutschen. Das ist sehr schmerzhaft.
Kreuze an, **womit** du einen Schaden der Wirbelsäule **vorbeugen** kannst.

☐ Den Rücken möglichst schonen, viel liegen und sitzen.

☐ Lange Spaziergänge und Sport.

»

Bewegliche Verbindungen

1 **Verbinde** die **Gelenktypen** mit ihrer **Beweglichkeitsart** und einem **Beispiel**.

Das Gelenk lässt sich (wie ein Türscharnier) in eine Richtung bewegen.	Das Gelenk lässt sich nach rechts und links drehen.	Das Gelenk lässt sich in alle Richtungen drehen und ähnelt einer Kugel.

Kugelgelenk | Scharniergelenk | Drehgelenk

Kniegelenk | Hüftgelenk | Halswirbel | Schultergelenk | Ellenbogengelenk

Aufbau eines Gelenks

2 a) **Beschrifte** die Abbildung mit den **Begriffen** aus dem Kasten.

Gelenkpfanne • Gelenkknorpel • Gelenkkapsel • Gelenkschmiere • Gelenkkopf • Gelenkspalt

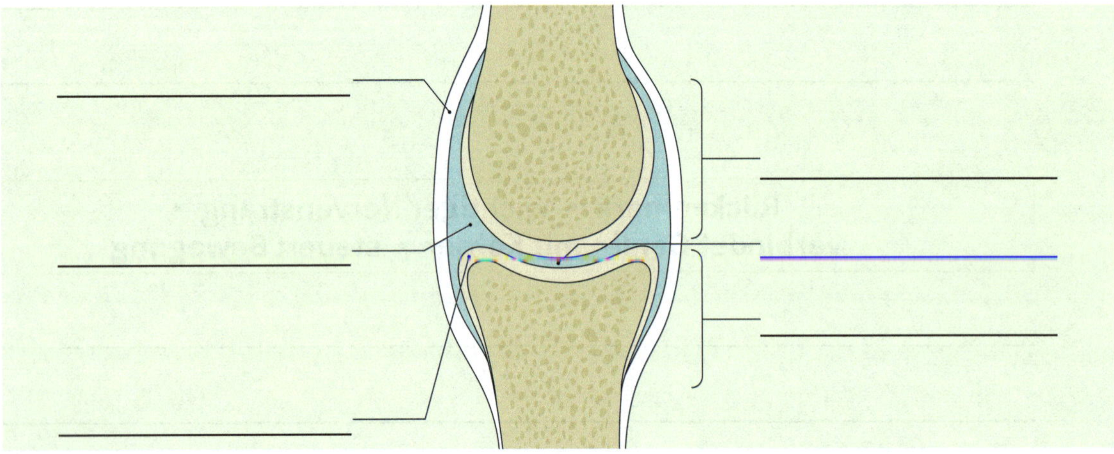

b) **Verbinde** die **Bestandteile** des Gelenks mit ihrer **Funktion**.

Bestandteil
Gelenkkopf
Gelenkpfanne
Gelenkschmiere
Gelenkknorpel
Gelenkkapsel

Funktion
wirkt als Gleitmittel zwischen den Knochen
federt Stöße zwischen den Knochen ab
umschließt das Gelenk und hält es zusammen
bildet die Vertiefung für den Gelenkkopf
sitzt beweglich in der Gelenkpfanne

Funktion und Bau der Muskeln

1 **Beschrifte** die Abbildung.

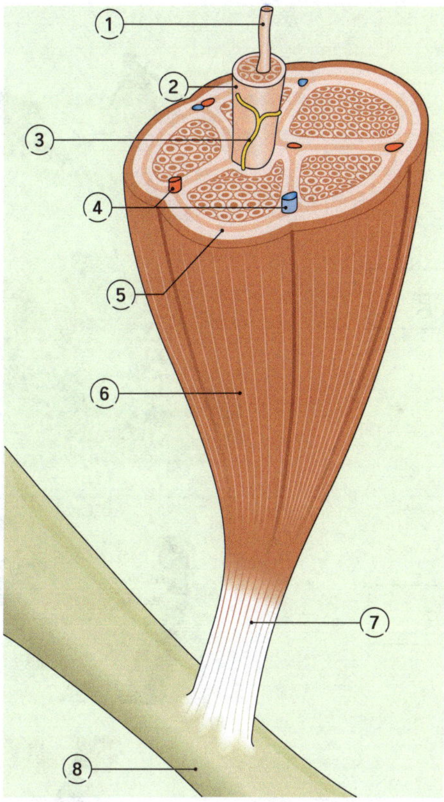

Sehne • Muskelhaut • Muskelfaser • Knochen • Nerv • Muskelfaserbündel • Blutgefäße • Muskelhaut

① ________________________

② ________________________

③ ________________________

④ ________________________

⑤ ________________________

⑥ ________________________

⑦ ________________________

⑧ ________________________

2 a) **Ordne** die **Funktion** den **Teilen** eines Muskels **zu**.

Funktion
erzeugen Kraft
steuern die Bewegung
übertragen die Kraft auf den Knochen
versorgen die Muskelfasern mit Traubenzucker und Sauerstoff

Teil eines Muskels
Sehne
Nerven
Blutgefäße
Muskelfaser

b) **Streiche** die falschen blauen Begriffe **durch**.

Zwei gegenüberliegende Muskeln arbeiten zusammen. Man nennt sie **Gegenspieler / Mitspieler.** Wenn sich der eine Muskel beugt, dann **beugt / streckt** sich sein Gegenspieler. Ein Muskel kann sich nur alleine beugen. Er kann sich nicht alleine **beugen / strecken.** Hierfür braucht er seinen **Gegenspieler / Mitspieler.**

Die beiden gegenüberliegenden Muskeln heißen Beugemuskel und Streckmuskel.

»

Wirkung von Kräften

1 Verbinde die **Fachbegriffe** mit den **Beispielen** und der **Erklärung**.

Kräfte verändern Bewegung. Die Bewegung eines Körpers, kann durch eine Kraft schneller oder langsamer werden sowie die Richtung ändern.

Verformung

Bewegung

Kräfte bewirken Verformungen. Gegenstände können durch eine Kraft verformt werden.

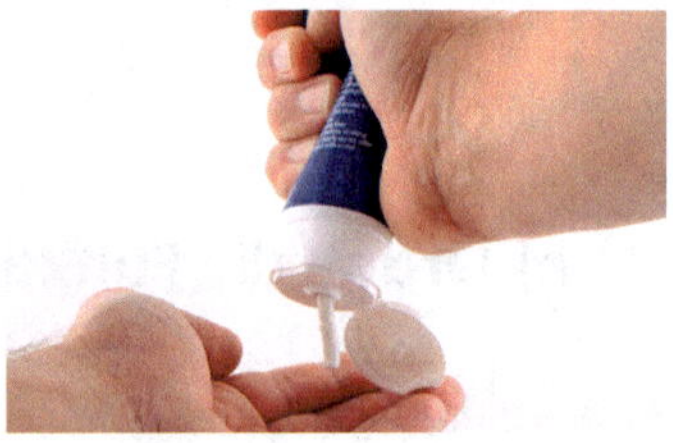

Zweiseitiger Hebel

2 Hebel verändern die Kraft beim Heben. **Fülle** den Lückentext **aus.** Die Abbildung hilft dir.

Eine Wippe ist ein ______________________________. In der Mitte ist der

_________________. Auf jeder Seite ist ein Hebelarm. Das einzelne Kind sitzt

_________________ vom Drehpunkt. Der Hebelarm ist hier länger. Dadurch ist die

_________________ bei dem einzelnen Kind größer. Je weiter sich das Kind vom

Drehpunkt entfernt, desto schwerer ist es, das Kind anzuheben.

Das Blut hat viele Funktionen

1 a) **Kreise** die Funktionen des Blutes **ein**.

Abwehr von Krankheitserregern	transportiert Stoffe	hilft beim Denken
hält uns wach	lässt uns wachsen	verteilt Wärme

Bestandteile des Blutes

b) **Verbinde** die **Bestandteile** des **Blutes** mit ihrer **Funktion.**

Blutplasma	• Bekämpfen Fremdkörper und Krankheitserreger
rote Blutkörperchen	• verschließen eine Wunde • sammeln sich an den Wundrändern
weiße Blutkörperchen	• flüssiger Bestandteil, hautsächlich Wasser • transportiert Nährstoffe zu den Organen • Abfallstoffe werden abtransportiert
Blutplättchen	• fester Bestandteil • transportieren Sauerstoff aus der Lunge zu den Organen

c) **Beschrifte** die Abbildung.

rote Blutkörperchen • Blutplättchen • weiße Blutkörperchen

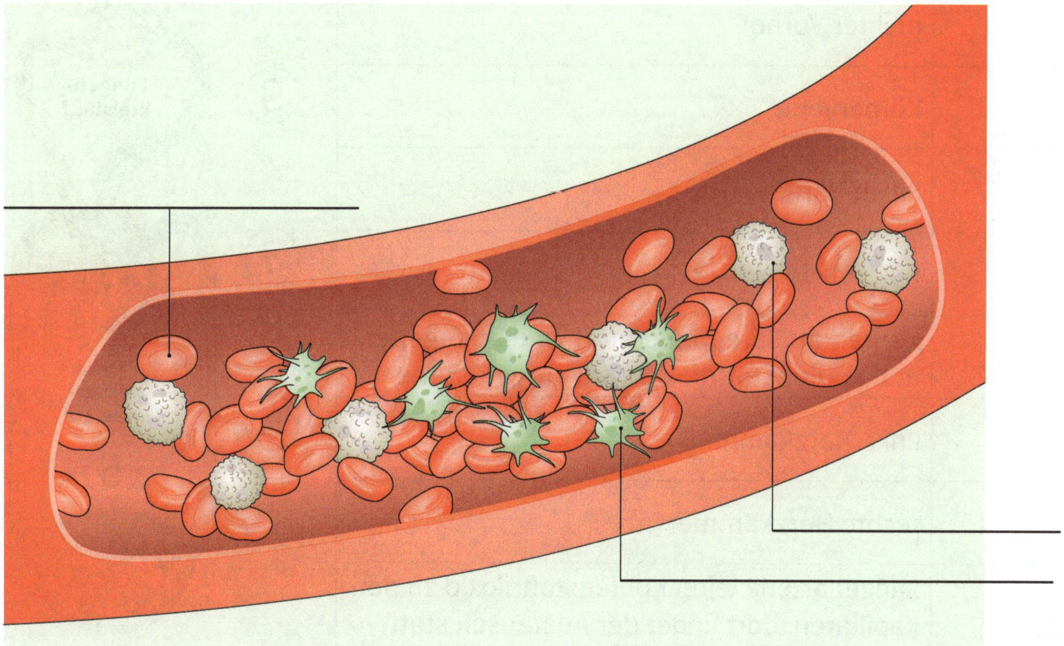

Die Blutgefäße

1 **Verbinde** die **Fachbegriffe** mit ihrer **Bedeutung**.

Arterie	Vene	Kapillare

Blutgefäße, die das Blut zum Herzen hinleiten	hier findet der Stoffaustausch zwischen Blut und Organen statt	Blutgefäße, die das Blut vom Herzen wegleiten

Die Arbeitsweise des Herzens

2 **Beschrifte** die Abbildung.

Arterie • Vene • linker Vorhof • rechter Vorhof • linke Herzkammer • rechte Herzkammer

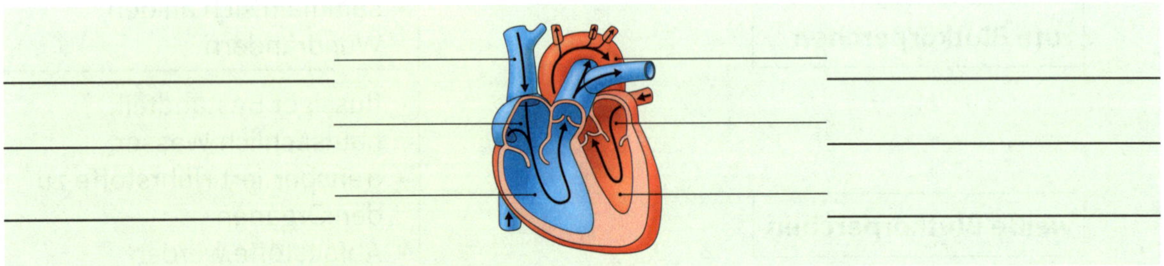

Der Körper- und Lungenkreislauf

3 Betrachte die **Abbildung**. Das Blut fließt im **Kreislauf** durch den Körper. **Nummeriere** in der richtigen **Reihenfolge**.

Nummer	Blutkreislauf
1	Lungenkapillare geben den Sauerstoff im Blut weiter an die Lungenvene
	rechter Vorhof
	Körpervene
	linker Vorhof
	Körperarterie
	Körperkapillare, Sauerstoff wird abgegeben und Kohlenstoffdioxid wird aufgenommen
	linke Herzkammer
	rechte Herzkammer
	Lungenarterie leitet Kohlenstoffdioxid zu den Kapillaren, dort findet der Austausch statt

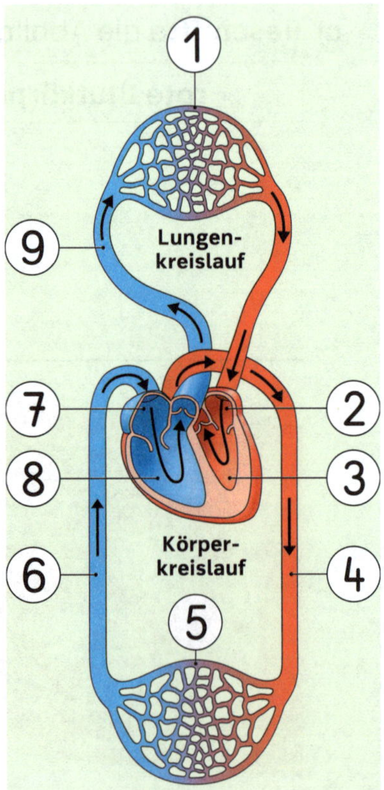

Der Weg der Atemluft

1 **Schreibe** in das Flussdiagramm den **Weg der Atemluft.**
Alle Begriffe müssen eingetragen werden.

Bronchien • Nase • Luftröhre • Lunge • Lungenbläschen • Nase • Lunge • Bronchien • Luftröhre

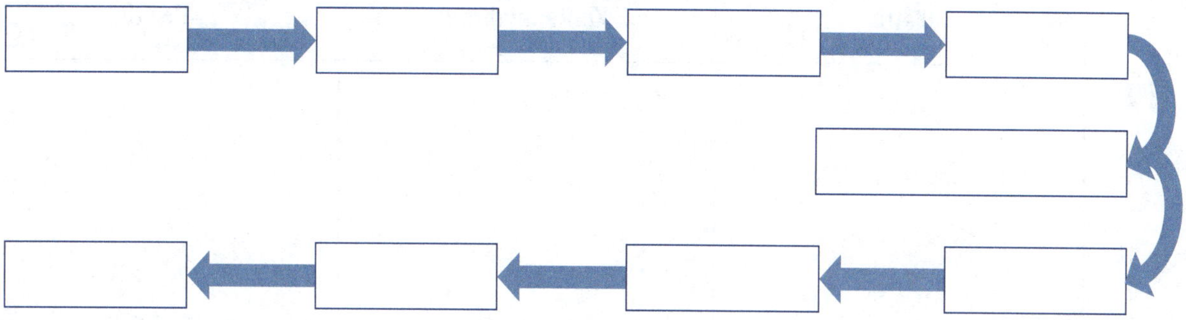

In den Lungenbläschen

2 **a)** **Beschrifte** die Abbildung.

Lungenflügel • Bronchien • Lungenbläschen • Kapillaren

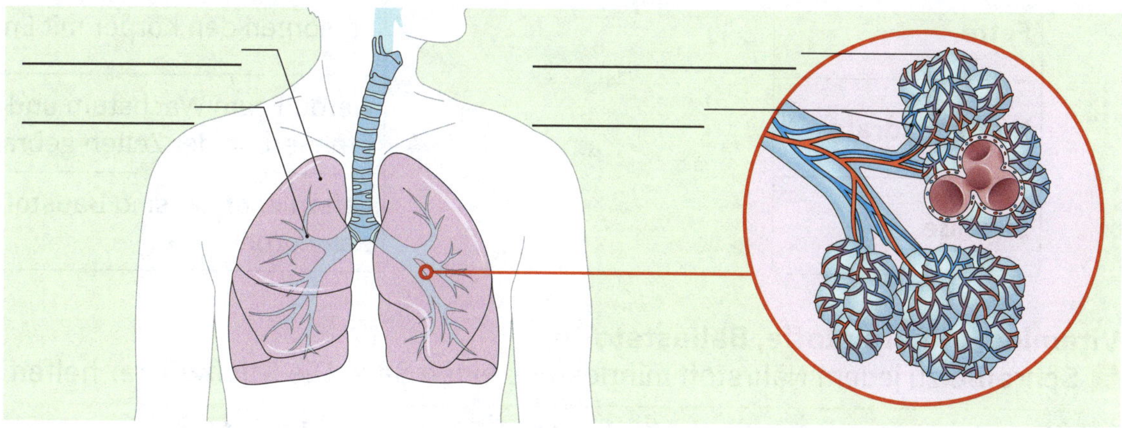

b) **Setze** die **Begriffe** in den Lückentext **ein.**

Kohlenstoffdioxid • Sauerstoff • Gasaustausch • Leben • Kapillare • Lungenbläschen

Die Lungenbläschen sind von kleinen Blutgefäßen umgeben. Sie heißen ______________. Hier gelangt der ________________ aus den Lungenbläschen über die Kapillare ins Blut. Der Körper braucht den Sauerstoff zum ____________. Der Körper verbraucht den eingeatmeten Sauerstoff. Das Produkt, was übrig bleibt, heißt ________________________. Kohlenstoffdioxid wird im Blut wieder zurück zu den Kapillaren transportiert. Dort wird es in die ____________________ abgeben und ausgeatmet. Den Vorgang nennt man ____________________.

Nahrung ermöglicht Leben

1 a) **Ordne** die Lebensmittel den Nährstoffen **zu**.

Öl • Fisch • Butter • Nudeln • Milch • Bohnen • Kartoffeln • Wurst • Fleisch • Früchte

Fette	Kohlenhydrate	Eiweiße

b) **Verbinde** die **Nährstoffe** mit ihrer **Funktion** für unseren Körper.

Nährstoffe
Fette
Kohlenhydrate
Eiweiße

Funktion
versorgen den Körper mit Energie
werden zum Wachstum und zur Erneuerung der Zellen gebraucht
liefern Energie, sind Baustoffe für den Körper

Vitamine, Mineralstoffe, Ballaststoffe

2 **Schreibe** zu jedem Nährstoff mindestens einen Satz. Die **Stichwörter** helfen dir.

Vitamine **unverzichtbar • kleine Mengen gebraucht • 13**

Mineralstoffe **Magnesium • Calcium • Aufbau und Bewegung**

Ballaststoffe **Gefühl von satt • fördern Verdauung**

Energie zum Leben

1 **Trage** die Erklärung in das Schaubild **ein**.

Umsatz in Bewegung • Umsatz in Ruhephasen • Leistungsumsatz und Grundumsatz zusammen

Die Ernährungspyramide

2 a) **Nenne** drei **Lebensmittel** aus jeder Ebene der **Ernährungspyramide**.

Ungesüßte Getränke

___

Gemüse, Obst

___

Getreideprodukte, Kartoffeln, Hülsenfrüchte

___

Milchprodukte, Eier, Fleisch, Fisch

___

Süßigkeiten, süße Getränke, tierische Fette

___

b) **Nenne** zwei **Lebensmittel**, die du magst. Sie müssen **gesund** sein. Du darfst davon viel essen.

___

c) **Nenne** ein **Getränk**, dass du magst. Es muss **gesund** sein. Du darfst davon viel trinken.

___

»

An der Verdauung beteiligte Organe

1 a) **Nummeriere** den Weg der Nahrung in der **richtigen Reihenfolge**.

Nummer	Nahrungsweg
1	Mund, Zähne, Speichel
	Dünndarm mit Saft der Bauchspeicheldrüse
	Dickdarm
	Magen mit Magensäure
	After
	Enddarm
	Speiseröhre

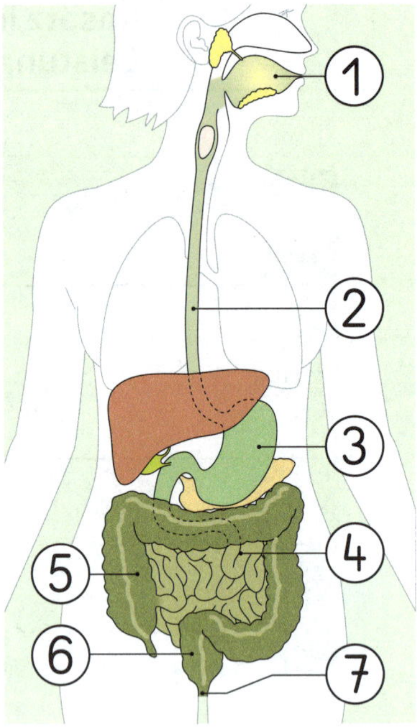

b) **Verbinde** die **Erklärung** mit dem **Verdauungsorgan**.

Verdauungsorgan
Magen mit Magensäure
After
Dünndarm
Mund

Erklärung
Nahrung wird zerkleinert und mit Speichel gemischt
Nährstoffe gelangen ins Blut
spaltet Eiweiße tötet Krankheisterreger ab
Kot wird ausgeschieden

c) **Verbinde** die **Funktion** der Därme mit dem **Fachwort**.

Dünndarm	Dickdarm	Enddarm

• stark eingedickte Rest des Nahrungsbreis wird als Kot ausgeschieden	• hat viele Falten, dadurch große Fläche • kann durch die große Fläche viele Nährstoffe aufnehmen und ans Blut abgeben	• Nahrungsbrei werden Wasser und Mineralstoffe entzogen • Körper bekommt Wasser und Salze zurück

Eine turbulente Zeit

1 Die Pubertät ist eine turbulente Zeit. **Warum? Kreuze** an.

- ☐ Man hat weniger Hobbies.
- ☐ Die Gefühle sind durcheinander.
- ☐ Man langweilt sich.
- ☐ Man hat seine eigene Meinung und will sich nichts sagen lassen.

Chemie im Blut

2 Wie nennt man die **Stoffe**, die im **Gehirn** alles **verändern**?

____

Der Körper entwickelt sich

3 **a) Nenne** drei **körperliche Veränderungen** in der Pubertät aus dem Text.

1. ______________________
2. ______________________
3. ______________________

b) Beschreibe, wie **du** dich in der Pubertät **fühlst**?

____

____

____

____

____

____

____

____

____

Verliebt? Ich doch nicht!

1 a) **Ergänze** die Mindmap!
b) **Vergleicht** und besprecht eure Antworten!

Herzklopfen

verliebt sein

aufgeregt

Formen der Sexualität

2 **Verbinde** die richtigen Kästchen Verliebt? Ich doch nicht!!

homosexuell	Die Person liebt eine Person des anderen Geschlechts. (Frau – Mann)
hetereosexuell	Die Person liebt mal Männer und mal Frauen.
bisexuell	Die Person liebt eine Person des gleichen Geschlechts. (Frau – Frau; Mann – Mann)

Primäre und sekundäre Geschlechtsmerkmale

1 Als Junge hat man seit der Geburt einen Penis und einen Hodensack. Das sind die primären Geschlechtsmerkmale. Die sekundären Geschlechtsmerkmale entwickeln sich später.

a) Auf der Zeichnung siehst du die **Unterschiede**. **Zähle** sie **auf**.

____

____

____

____

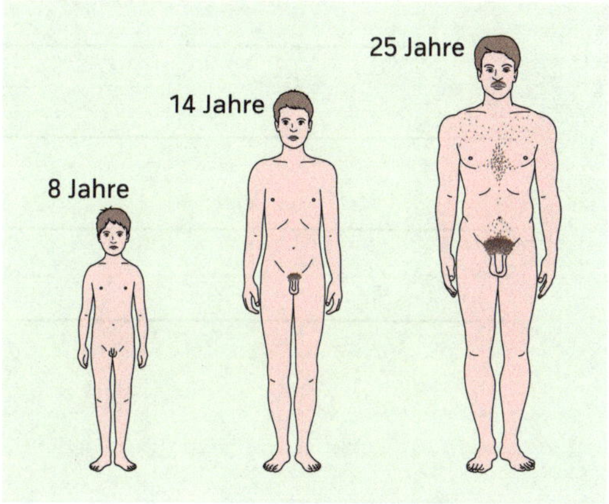

b) Kennst du noch **andere Merkmale**, die nicht auf dem Bild sind? **Nenne** sie.

____

c) **Markiere** die **sekundären Geschlechtsmerkmale** in der Abbildung **farbig**.

Geschlechtsorgane des Mannes

2 **Verbinde** die **Geschlechtsorgane** mit ihrer **Funktion**.

Geschlechtsorgan
Hoden
Drüsen
Spermienleiter
Schwellkörper
Harn-Spermien-Leiter
Harnblase
Eichel

Funktion
dort sammelt sich der Urin
ermöglicht die Versteifung des Penis, kann sich mit Blut füllen
bilden Spermien
leitet Sperma oder Urin aus dem Körper heraus
bilden verschiedene Flüssigkeiten für das Sperma
leitet das Sperma zum Harn-Spermien-Leiter
zum Empfinden sexueller Lust

»

Primäre und sekundäre Geschlechtsmerkmale

1. Als Mädchen hat man seit der Geburt eine Scheide und Schamlippen. Das sind die primären Geschlechtsmerkmale. Die sekundären Geschlechtsmerkmale entwickeln sich später.

   a) Auf der Zeichnung siehst du die **Unterschiede**. **Zähle** sie **auf**.

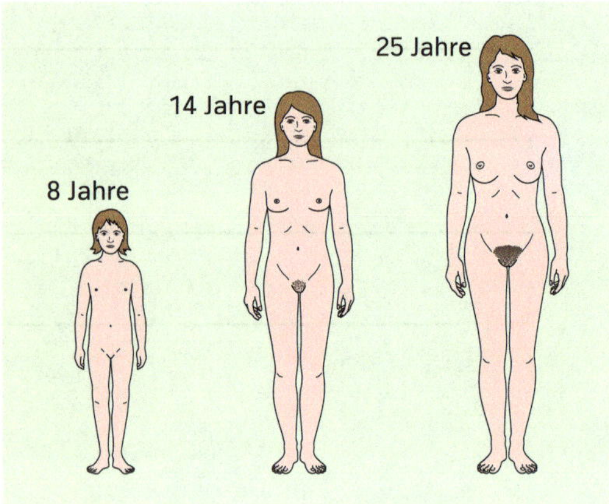

   b) Kennst du noch **andere Merkmale**, die nicht auf dem Bild sind? **Nenne** sie.

   c) **Markiere** die **sekundären Geschlechtsmerkmale** in der Abbildung **farbig**.

Geschlechtsorgane des Mannes

2. **Verbinde** die **Geschlechtsorgane** mit ihrer **Funktion**.

Geschlechtsorgan
Harnblase
Harnröhre
Klitoris
Gebärmutter
Eierstöcke
Äußere und innere Schamlippen

Funktion
enthalten die Eizellen
schützen die Scheide
hier wächst bei einer Schwangerschaft das Kind heran
dort sammelt sich Urin
leitet den Urin nach außen
zum Empfinden sexueller Lust

Die erste Menstruation

1 a) **Wann** bekommen die meisten Mädchen ihre **erste Menstruation**?

____

____

b) Wie geht es manchen Mädchen **während** der **Menstruation?**

____

____

c) **Erkläre**, **warum Körperpflege** während der Menstruation **wichtig** ist.

____

____

Der Menstruationszyklus

2 **Nummeriere** in der **richtigen Reihenfolge**.

Nummer	Vorgang
	Das Ei und die Gebärmutterschleimhaut werden abgestoßen. Das Einsetzen der Regelblutung erfolgt.
	Das Ei ist in der Gebärmutter. Ohne Befruchtung stirbt das Ei ab.
	Die Eizelle reift im Eierstock heran. Die Gebärmutterschleimhaut wid aufgebaut.
	Der Eisprung findet statt. Das Ei wandert zur Gebärmutter.

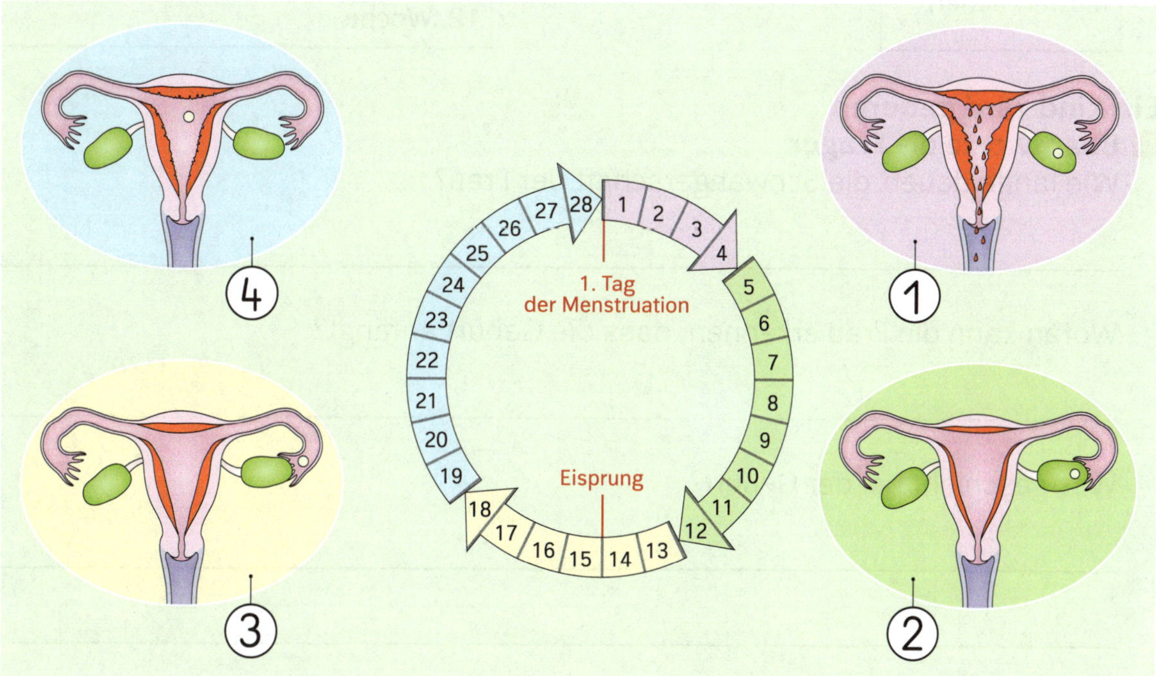

»

Die Befruchtung

1 Nach der Befruchtung kommt es zur Schwangerschaft.
Nummeriere die Sätze in der **richtigen Reihenfolge**.

Nummer	Vorgang
1	Spermien treffen im Eileiter auf die Eizelle
	Zellhaufen gelangt in einer Woche zur Gebärmutter
	befruchtete Eizelle teilt sich mehrfach
	Zellhaufen (Bläschenkeim) verwächst mit der Gebärmutterschleimhaut – die Einnistung ist erfolgt
	Spermien dringen in die Eizelle ein

Ablauf der Schwangerschaft

2 **Verbinde** die **Fachwörter** mit ihrer **Bedeutung**.

Fachwort
Fötus
Embryo
Fruchtblase
Nabelschnur
Mutterkuchen

Bedeutung
verbindet Embryo mit der Mutter, wird dadurch mit Nährstoffen versorgt
schützt den Embryo
Fachbegriff für das Baby von der 1.–11. Woche
regelt Austausch von Nährstoffen und Sauerstoff
Fachbegriff für das Baby ab der 12. Woche

Ein Kind wird geboren

3 **Beantworte** die **Fragen**.

Wie lange dauert die Schwangerschaft der Frau?

____

Woran kann die Frau erkennen, dass die Geburt anfängt?

____

Was geschieht bei der Geburt?

____

____

____